DE
L'INTENTION MORALE

PAR

C.-A. VALLIER

THÈSE POUR LE DOCTORAT ÈS-LETTRES

PRÉSENTÉE

A LA FACULTÉ DES LETTRES DE PARIS

> Paix sur la terre aux hommes
> de bonne volonté.
> St-Luc, ch. II.

PARIS

LIBRAIRIE GERMER BAILLIÈRE ET Cie

108, BOULEVARD SAINT-GERMAIN

1882

DE

L'INTENTION MORALE

Pau. — Imprimerie Veronese, rue Préfecture, 11.

DE

L'INTENTION MORALE

PAR

C.-A. VALLIER

THÈSE POUR LE DOCTORAT ÈS-LETTRES

PRÉSENTÉE

A LA FACULTÉ DES LETTRES DE PARIS

> Paix sur la terre aux hommes
> de bonne volonté.
> St-Luc, ch. ii.

PARIS

LIBRAIRIE GERMER BAILLIÈRE ET Cie

108, BOULEVARD SAINT-GERMAIN

—

1882

A MONSIEUR

J. LACHELIER

INSPECTEUR GÉNÉRAL DE L'INSTRUCTION PUBLIQUE

—

HOMMAGE

DE RESPECT, DE RECONNAISSANCE
ET DE DÉVOUEMENT

DE

L'INTENTION MORALE

PREMIÈRE PARTIE

LE PRINCIPE DE LA MORALE

INTRODUCTION

La moralité, si elle existe, est considérée comme capable d'appartenir à tous. — Elle ne peut consister ni dans l'acquisition de biens physiques ou immatériels, ni même dans les actes destinés à les acquérir. — Elle réside dans le motif ou l'intention qui nous fait agir. — Objet de la présente étude.

On s'accorde généralement à reconnaître, que la moralité, si elle existe, doit pouvoir être universelle, que tout être raisonnable est capable, au même degré que ses pareils, de remplir son devoir.

L'obéissance à la loi morale est toujours reconnue comme obligatoire, partant comme possible, quelle que soit, par le hasard de la naissance ou de la fortune, la situation de l'agent Cette loi ne peut donc rien nous prescrire qui soit hors du pouvoir d'un être humain quelconque : elle ne peut nous commander d'acquérir et de posséder aucun des biens qu'on appelle naturels ou sensibles, tels que la fortune, la réputation, la santé, la vie heureuse, l'équilibre harmonieux des facultés physiques, affectives et intellectuelles, trop souvent au-dessus de nos efforts. Elle ne peut nous prescrire davantage de poursuivre un bien différent de ceux-là, mais comme eux, extérieur à notre essence individuelle, type immuable de perfection, bien supérieur à tous les biens imaginables de ce monde, et que les philosophes de l'antiquité appelaient justement le Souverain Bien. La première condition, en effet, pour viser un but et l'atteindre, c'est de le connaître ; et, si l'on en juge par les discussions interminables soulevées à propos de cet objet suprême de l'activité humaine, peu d'hommes ont le privilége de savoir ce qu'il est et de le pouvoir rechercher : que si, par extraordinaire, il pouvait être poursuivi et atteint, sans être clairement aperçu, par l'heureux effet du hasard, on conviendra que toute étude morale serait inutile.

La moralité, obligation et faculté universelle, ne réside donc point dans la possession d'un de ces biens extérieurs, et pas davantage, dans les actes matériels qui tendraient à nous en procurer la possession : car ces actes, comme le but qu'ils visent, sont pour beaucoup d'entre nous, hors de leur portée. Où donc peut-elle être, sinon dans les actes internes dont notre âme, en dépit des circonstances contraires, se sent ou se croit toujours maîtresse, dans les résolutions ? Une seule chose dépend de nous, affirmait Epictète, c'est la résolution. Mais ce n'est pas assez dire : la résolution ne s'explique pas par elle-même, mais par le motif qui nous détermine à la prendre et dont elle dérive nécessairement. La faculté de s'arrêter à une décision que l'on n'invente point ex-nihilo, mais dont l'occasion et la matière nous sont toujours fournies par les circonstances, n'est que la faculté de choisir un motif et de le rendre prépondérant. Or faire une chose pour un motif ou dans une intention sont des expressions équivalentes : toutes deux signifient que nous poursuivons un but en raison de certains caractères qui lui appartiennent ou que nous lui supposons, et qui séduisent notre faculté de vouloir. Le motif ou l'intention d'où suit la volonté, voilà donc tout ce que peut prescrire le devoir : l'acte physique qui suit la résolution n'a de lui-même aucune signification morale. Celle-ci réside tout entière dans l'intention qui inspire la conduite.

Cette théorie est loin d'être nouvelle, ou peu répandue. Produite une première fois par les stoïciens, fortifiée et attendrie tout ensemble par le christianisme dont elle semble constituer l'éthique, elle a de tout temps rencontré des partisans dont le plus illustre est sans contredit Kant. De nos jours elle est implicitement dans toutes les consciences éclairées : mais à la vérité, elle n'y domine pas sans partage; elle se ressent encore d'avoir eu un jour Pascal pour adversaire et Tartuffe pour défenseur; elle est acceptée pour son principe, et suspectée pour les conséquences qu'on lui impute, précipitamment peut-être; on la subit en théorie, dans l'application on la redoute, et suivant un mot célébre, elle règne, mais elle ne gouverne pas.

Examiner les difficultés qu'elle soulève dans la spéculation et surtout dans la pratique, tel est le but du présent travail.

CHAPITRE PREMIER

LE PLAISIR ET LE BIEN

La croyance à la valeur de l'intention morale entraîne la croyance à un
impératif moral catégorique. — L'existence de cet impératif est niée par
ceux qui affirment que l'homme doit toujours agir pour une raison : les
uns placent cette raison dans la possession du plaisir, les autres dans
celle du bien absolu.

La doctrine du plaisir représente en morale le nominalisme et aboutit
au prédestinationisme.

La doctrine du Bien représente le réalisme en morale. Elle aboutit au prédestinationisme : 1° la connaissance parfaite du bien absolu est le privilége de quelques-uns, seuls capables de moralité ; la connaissance partielle de ce bien ne justifierait pas la vertu. 2° La connaissance parfaite
du bien entraîne l'adhésion fatale de la volonté et supprime le libre
arbitre.

Pourquoi, malgré ces difficultés, le réalisme a des partisans considérables.
— Illusions de ceux-ci sur sa valeur véritable : il n'est pas nécessaire
pour expliquer notre appréciation des choses, ni pour épargner à la
loi morale le reproche d'être arbitraire.

Le décret absolu est la forme nécessaire de l'impératif moral. — Il se
retrouve dans les doctrines de la perfection humaine, de l'intérêt général, du devoir tel que l'a défini Fichte. — Le jugement qui unit l'obligation au bien absolu n'est ni synthétique, ni analytique, il est contradictoire.

Rapprochement de l'impératif catégorique et de la doctrine du pur amour.

Comment on peut faire dans la morale une place à l'idée du bien. — Elle
doit être alors non une idée platonicienne, mais une idée acquise par
le raisonnement et l'expérience. — Il y a trois manières de se former
l'idée d'un bien suprême, lesquelles, en réalité, se réduisent à une seule.
— Cette idée est celle de la moralité universelle ou d'un règne des fins.

L'intention dans laquelle on fait un acte est le seul objet du
commandement moral : la loi ordonne de poursuivre une fin, non
en vue de ses caractères intrinsèques, mais en vue de celui qu'elle

lui surajoute aux yeux de l'agent, et qui est d'être conforme au devoir. Peu importe que nos efforts soient vains : le succès, qui dépend de conjonctures particulières, souvent hors de notre puissance, n'ajouterait rien à notre mérite : la poursuite heureuse ne vaut pas mieux que la poursuite stérile, même quand elle est dictée par l'intention morale. Celle-ci n'est donc pas le moyen de nous assurer un bien qui soit différent d'elle-même ; ni elle, ni les résolutions et les actes qu'elle engendrent, ne servent à la possession d'une fin quelconque. Par suite, la loi, qui gouverne la seule intention, n'emprunte pas son autorité du dehors ; elle la tire de soi-même. Ce n'est pas une règle semblable aux règles méthodologiques des sciences (1), un impératif hypothétique qui demanderait l'obéissance comme un moyen d'obtenir un résultat, suprême objet de la volonté, et distinct de cette obéissance même; car nous pourrions et devrions même refuser notre soumission si nous croyions qu'elle ne mène pas au but, c'est un impératif catégorique qui commande le respect d'une manière absolue, et non en vertu des conséquences possibles de l'action accomplie, conséquences qu'on ne doit envisager que pour connaître le vrai caractère de son action.

Si l'on veut parler la langue de Kant, on désignera ces conséquences du nom de matière, et du nom de forme l'énoncé pur et simple de la loi ; on dira donc que la loi morale commande par sa forme et non par sa matière et l'on appellera formalisme moral la doctrine que nous venons d'esquisser; on l'appellera mieux encore conceptualisme moral, si l'on réfléchit que l'énoncé d'une loi abstraite ne peut exister hors d'un sujet pensant.

Théoriquement, ces vues rencontrent deux sortes d'adversaires, bien entendu parmi ceux qui admettent que l'homme doit gouverner sa vie et non céder aveuglément à ses instincts.

Ces philosophes s'accordent pour objecter aux disciples de Kant qu'un impératif catégorique, qui prescrit la soumission pour la soumission même, sans y attacher la possession d'aucun bien, ne saurait avoir de prise sur la volonté. Que signifie ce respect imposé pour un ordre énigmatique à l'exécution duquel l'homme ne peut trouver aucun avantage? C'est un pur fanatisme que de céder à une

(1) J'emprunte cet exemple à Kant. *Grundlegung der Metaphysik der Sitten*, éd. Kirchmann, p. 37.

loi qui n'est point promulguée en vue de notre intérêt. Mais ici,
et lorsqu'il s'agit de déterminer le véritable intérêt de l'homme,
commence chez nos critiques la divergence d'appréciations. Les
premiers, qu'on appelle généralement les utilitaires, affirment
qu'un seul intérêt peut solliciter notre âme à l'action ; cet intérêt
est celui de nos plaisirs. Les seuls biens dignes de notre recherche sont les biens qui satisferont les inclinations naturelles,
vraies sources de la volupté. On ne peut vouloir posséder
que ce qu'on aime ; il faut que le bien moral soit un bien
vraiment désirable, promette à notre sensibilité des jouissances
réelles, pour que nous obéissions à l'ordre qui nous prescrit de
le poursuivre. Il n'y a de tels biens que les biens naturels, dont
l'expérience nous atteste chaque jour les séductions, et qui, soit
dans le présent, soit dans l'avenir, par le sacrifice prudent de
quelques jouissances passagères, pourront nous appartenir.
Voilà les biens très variés, et dont plusieurs, tels que la réputation, la science ou le talent artistique, sont d'une valeur sociale
incontestable que les utilitaires veulent donner pour matière à la
loi morale, et dont l'espérance justifie seule à leurs yeux l'obéissance au devoir.

Mais quelques perfectionnements que les utilitaires, soit comme
Bentham en conseillant des mortifications momentanées au nom de
l'intérêt bien entendu, soit comme Stuart Mill en admettant une
différence de qualité dans les plaisirs, apportent à leur doctrine, ils
n'en nient pas moins la moralité d'une façon radicale. Ou bien, en
effet, tous les instincts, de la satisfaction desquels découle toujours
un plaisir, sont moralement légitimes, toutes les voluptés sont par
suite capables de fournir une matière à l'impératif catégorique.
Mais alors, à quoi bon tracer des règles de conduite ? La moralité
consiste à suivre la nature et nous sommes toujours sûrs de bien
vouloir pourvu que nous voulions. Ou, comme on est bien vite
amené à le reconnaître, certains plaisirs sont meilleurs que d'autres, au moins par la sécurité physique, intellectuelle ou sociale
qu'ils nous assurent, et c'est ceux là seulement qu'il faut rechercher, pour être vraiment heureux, et par suite vraiment moral.
Mais, dans l'hypothèse utilitaire, il ne dépend pas de nous d'éprouver réellement ni même de poursuivre ces plaisirs : si l'homme
n'agit délibérément qu'en vue du plaisir, il faut pour qu'il se déter-

mine à rechercher les joies supérieures, que l'espérance de ces joies soit déjà par elle même un plaisir pour lui, c'est-à-dire qu'il se sente apte à les ressentir bientôt. N'est-ce pas déjà aimer les plaisirs délicats que de chercher à les aimer par amour, non par devoir? N'est-ce pas déjà, du moins virtuellement, posséder l'inclination supérieure qui les enfante? Que fera-t-on alors de ceux à qui la nature en a refusé non seulement l'épanouissement, mais encore le germe, et jusqu'au désir? N'est-il pas clair que ceux là jamais ne jouiront ni ne voudront jouir des joies morales, et qu'ils sont condamnés par leur nature à vivre en exilés, en parias du devoir? Ainsi, l'utilitarisme ou bien admet tous les hommes à la moralité, mais supprimant par là même toute distinction entre les plaisirs, leur accordant à tous pleine et entière légitimité, réduit le plaisir du devoir à n'être qu'un pur mot, et devient ce qu'on pourrait appeler le nominalisme en morale; ou bien il élève et consacre certains plaisirs au détriment de tous les autres, mais proclamant ainsi la sainteté exclusive des inclinations qui les produisent et qui sont en nous par la fatalité naturelle, il fait de la moralité l'apanage de quelques automates humains privilégiés; il aboutit au prédestinationisme. Tout cela a déjà été tant de fois et si bien dit qu'il est inutile d'y insister davantage.

D'autres philosophes, reconnaissant ces conséquences de l'utilitarisme, n'admettent pas que le seul intérêt qui puisse déterminer l'homme soit la possession de plaisirs que son organisation sensible lui imposerait fatalement de rechercher. Il y a, selon eux, comme selon Kant, un intérêt propre à la raison : celle-ci juge et veut les choses bonnes, sans avoir égard aux indications et aux exigences de la sensibilité. Mais à la raison, disent-ils, par cela même qu'elle est raison, il faut une raison de juger et de vouloir. Elle peut ne pas prescrire l'obéissance au devoir, comme un moyen d'atteindre aux biens naturels ; mais elle ne saurait l'imposer arbitrairement, sans la justifier par l'espérance d'un bien supérieur. L'existence de ce bien suprême ou matière de la loi est indispensable pour excuser la loi morale du reproche de tyrannie. « Une loi qui n'est qu'une loi, écrit un éminent philosophe dont le nom reviendra souvent dans ces pages, qui commande sans donner de raison, est toujours quelque chose d'arbitraire. Elle est universelle, dites-vous : qu'importe? ce n'est que l'arbitraire

universalisé (1) » ; et plus loin, s'emparant du *sic volo, sic jubeo*
que Kant prête comme devise à la loi morale, le même écrivain
fait remarquer que c'est là la devise des tyrans et la formule
même de la doctrine théologique connue sous le nom de décret
absòlu (2).

Pour légitimer la loi morale elle même, il faut donc admettre
l'existence et la science d'un objet suprême qui rende notre
obéissance raisonnable, d'aveugle qu'elle était. Faire son devoir
pour faire son devoir est une formule inexacte de l'impératif pratique : faire son devoir pour posséder le souverain bien, tel est
le véritable énoncé de la loi. Les choses ont par elles mêmes,
abstraction faite de toute considération morale, une valeur et une
excellence propre, il y a entres elles, comme dit Malebranche,
des rapports de perfection qui les imposent à notre choix. Non
pas que cette excellence soit pour nous le gage de plaisirs futurs
qui seuls nous la feraient respecter : la perfection essentielle des
choses a une beauté, un je ne sais quoi qui convainc d'abord la
raison, avant de persuader le cœur ; et les joies supérieures
qu'elle procure peuvent bien être le résultat, mais non le motif
de notre obéissance. Les objets rationnels ont, pour exciter nos
efforts, une séduction propre qui n'est pas celle du plaisir (3), et
que ne saurait posséder la forme pure d'une loi vide de contenu.
La supposition de ces essences suprêmes, qui non seulement
existent hors de la pensée individuelle, mais encore se révèlent à
nous directement, et non par le criterium de la sensibilité ou du
devoir pur, indique assez l'origine platonicienne de cette seconde
doctrine, et le nom qu'il convient de lui donner ; c'est le réalisme
en morale.

Cette théorie, plus profonde assurément et qui se recommande
de noms plus illustres que celle des utilitaires, rend pourtant
comme elle la moralité impossible. Elle n'a pas même l'avantage,
au prix d'un postulat fondamental de plus et d'une contradiction
intime, de rendre plus facile la solution des problèmes moraux :

(1) Paul Janet, *La Morale*, p. 43. Paris 1874.
(2) Paul Janet, *La Morale*, p. 44.
(3) Voir Paul Janet, op cit. p.33, et Trendelenburg, *Historiche Beitrage*,
Berlin 1867. Cl. III *Der Widerstreit zwischen Kant und Aristoteles in
der Ethik.*

tout ce qu'elle explique de notre conduite s'explique aussi aisément par le formalisme, et la plupart des objections que comporte celui-ci se retournent contre elle.

On accordera, en effet, au réalisme que le Souverain Bien ne
renferme comme motif déterminant de nos actions, aucune promesse de plaisir, fût-ce sous le nom de bonheur ; que la raison
est capable par elle-même d'avoir un intérêt pratique, qu'elle peut
aussi bien placer dans la possession d'un objet parfait en soi que
dans l'obéissance à une loi sans matière. Mais quels sont donc
les objets parfaits en soi, quelle est la hiérarchie et l'ordre des
essences dont l'excellence doit entraîner notre adhésion : notre
raison est-elle donc capable de pénétrer ainsi jusqu'au fond des
choses, d'en connaître les caractères absolus, ceux qui sont
bons, non pour notre cœur ou notre volonté morale, mais bons
en soi? Sans nul doute, répondent les réalistes : la science du
Souverain Bien est la condition essentielle de la moralité, mais
aussi le partage de tous les agents moraux.

Une pareille assertion ne laisse pas que de surprendre d'abord,
si l'on réfléchit aux innombrables matières qui ont été assignées à
la loi, ici la perfection humaine, là l'imitation de Dieu, ailleurs
l'ordre universel, ailleurs encore l'intérêt général? Qui donc a
raison. qui donc possède la vraie science du bien suprême parmi
tant de philosophes d'avis si opposés? Mais passons sur cette
difficulté, admettons que la diversité des formules n'empêche pas
l'accord réel des pensées. Qu'arrive-t-il?

Tout homme a la science absolue du bien absolu ; la science absolue, parce qu'imparfaite et fautive, suspecte pour si peu que ce
soit, elle ne communique à la loi morale qu'une imparfaite autorité
et laisse l'agent dans l'incertitude de ce qu'il doit faire ; du bien
absolu, parce qu'un bien relatif n'est connu comme tel que par
son rapport ou à notre sensibilité et à notre volonté morale qui sont
hors de cause, ou à un bien supérieur qui serait alors connu lui-
même. Connaître un rapport, en effet, c'est connaître nécessairement ou tout au moins apercevoir les deux termes entre lesquels
il existe : ici, ce serait connaître le véritable bien absolu qui sert de
matière à l'Impératif catégorique. Mais si je sais ainsi ce qu'il y a
de meilleur absolument, comment, ainsi que l'ont enseigné avec
tant de précision Socrate et Platon, pourrais-je ne pas le faire ?

Sans doute, dans la vie ordinaire et suivant le vers si connu d'Ovide, je vois souvent ce qui est bien et je fais le mal. Mais qu'on prenne garde que le bien que je vois alors n'est jamais le bien suprême, le bien le meilleur absolument, c'est-à-dire meilleur à la fois que le bien moral et que le bien sensible. Entre deux biens naturels, entre deux plaisirs, je ne choisis jamais celui que je sais le moindre, car celui qu'on appelle le moindre ou n'est tel que pour une sensibilité autrement conformée que la mienne, ou doit son infériorité aux conséquences funestes qu'il entraîne, dont je n'ai pas la vue claire, que j'espère vaguement réussir à éviter, et qui, même nettement aperçues, ne me menacent pas d'une douleur assez vive pour me faire oublier l'appât d'un plaisir présent que, dans l'état actuel de mon intelligence offusquée par le voile de la passion, je sais et je sens le meilleur. Entre un bien sensible et le bien moral, je puis choisir l'un ou l'autre, mais c'est qu'aucun n'est le bien suprême, que leur excellence appartient à deux ordres différents, au-dessus desquels est l'ordre absolu, l'ordre des biens en soi. Si ces derniers m'apparaissent, comment l'hésitation même à les poursuivre serait-elle possible? Tant que le doute subsiste, c'est que je ne vois pas clairement le souverain bien, et la loi morale, pendant que dure l'obscurité, perd toute influence légitime. Si je le vois et que je m'incline par suite devant la loi, il faut avouer avec saint Thomas que l'homme qui voit le meilleur absolument ne peut pas ne pas le vouloir; ou, si cette autorité paraît trop scolastique, dire avec un ingénieux écrivain (1), nullement suspect d'aimer le paradoxe et dont le livre est d'hier, que les méchants sont des distraits et que le mal n'est jamais positivement volontaire. Mais alors, dans l'hypothèse réaliste, où chacun doit avoir la science de ce meilleur absolu, chacun ne peut faire autrement que de le vouloir : toutes nos volontés vont nécessairement au Souverain Bien, ce qui rend inutile l'intermédiaire d'une loi morale, et comme dans la première forme de l'utilitarisme, pour être assurés de bien vouloir, il suffit que nous voulions. Seul, les actes instinctifs

---

(1) H. Marion. *La Solidarité morale*, p. 08. Voici le texte de St-Thomas: Si proponitur voluntati aliquid bonum, quod completam habeat rationem boni, ut ultimus finis, propter quem omnia appetuntur, non potest voluntas non hoc velle (2 Dist. 250. 1. art 2).

demeurent contraires, ou tout au moins étrangers au bien : mais nous serons infailliblement amenés à tâcher d'en réduire le nombre.

Recule-t-on devant ces conséquences qui feraient le monde trop moral? Il faut admettre alors, comme semble l'autoriser la multiplicité des doctrines relatives au contenu de la loi, que quelques-uns seulement possèdent la vraie science du bien. Mais alors, pour ceux-là seulement la vertu est possible. Eux seuls sont les élus du devoir : tous les autres sont réprouvés, et ainsi le réalisme aboutit au prédestinationisme.

Ce n'est pas cela encore, dira-t-on : la science du bien n'est pas un privilége, elle est accordée à tous, mais virtuellement, comme une espérance plus encore que comme un don. Elle exige une préparation, comme toutes les autres, et un apprentissage : tous les hommes ont l'organe du bien dont parle Platon, mais tous les hommes n'ont pas toujours l'habileté ou même la volonté de s'en servir. Par suite, plusieurs soumettent à l'instinct, machinalement ou avec réflexion, leur conduite entière: mais qu'ils apprennent à regarder le bien, ils le verront infailliblement et en feront la règle unique de leur vie. Les disciples d'Hamilton et de Kant, qui dénient à l'homme la faculté de connaître les essences parfaites, sont des myopes ou des paresseux. Mais du moins a-t-on le droit de demander aux réalistes quel peut être l'état moral d'un agent qui, pour une raison ou pour une autre, ignore ce qu'est le bien absolu, et ne saurait ainsi joindre à la bonne intention la conduite réellement bonne. Il serait logique, semble-t-il, de déclarer cet agent complètement incapable de moralité, car, s'il faut vouloir faire son devoir seulement pour faire le bien, en sorte que la bonne volonté ne soit à l'égard de la vie parfaite qu'un moyen comme un autre, n'ayant de valeur que celle que lui donne le succès, celui qui se conduit mal, même en voulant se bien conduire, manque le but qu'il faut non-seulement poursuivre, mais atteindre. Et comme le vrai chemin de l'ascension dialectique vers l'Idée du Bien est connu de bien peu de personnes, c'est à une minorité fort restreinte qu'est accordé le privilége de la vertu. Cette conséquence trop aristocratique de leur doctrine fait d'ordinaire reculer les partisans du réalisme: aussi, consentent-ils à reconnaître que l'imperfection des connaissances est excusée par la bonne foi, et que la grande affaire est d'opérer tout le bien connu : mais

comment pourraient-ils justifier une telle affirmation? Si le bien
connu est un faux bien, nous répèterons que la volonté qui le
poursuit est mauvaise comme son objet, puisqu'elle n'a point de
prix par elle-même, et que la bonne intention ne sert de rien,
quand il faut non pas seulement vouloir, mais réussir. Si le bien
connu et voulu est un bien réel, fait partie de la véritable matière
de la loi, voici la difficulté qu'on rencontre : il semble qu'on
rende par là plus aisé à concevoir le progrès moral, et plus faciles
à juger les actions dont la valeur se mesure à la part de science
objective qui s'y manifeste. Mais on retombe dans la doctrine
de l'impératif catégorique : en effet, l'obéissance à une loi vide
de contenu paraît déraisonnable aux réalistes, et c'est pour la
justifier qu'ils adoptent pour contenu le bien suprême, devant
lequel aucun homme ne peut hésiter, qui vaut mieux que le bien
sensible et que le bien moral. Mais, si au lieu de ce bien souverain, qui domine tous les autres, on ne me propose plus d'atteindre qu'un bien incomplet, comment empêcher l'hésitation de
renaître chez l'agent qui exige que la loi se justifie à ses yeux?
Sans doute, c'est quelque chose de posséder en partie ce qu'il y a
de meilleur en soi ; mais c'est quelque chose aussi de posséder le
plaisir le meilleur ou la pure satisfaction de conscience. Entre
ces trois biens, tous trois incomplets, quelle raison a-t-on de
choisir le premier? La suprématie qu'on lui accorde sur les autres
ne peut venir que d'une préférence fatale réservée à quelques-
uns, ou d'un commandement absolu qui est précisément l'impératif catégorique. Comme, de plus, cette imperfection de notre
connaissance relativement au souverain bien est capable de
grandir ou de diminuer, et de créer ainsi un accroissement ou
une diminution de vertu, il importe de savoir d'où elle naît.
Provient-elle d'une paresse volontaire à s'instruire des choses
que commande la loi, les kantiens la condamnent comme les
réalistes, parce qu'elle prouve un manque de respect envers le
devoir. Mais si elle vient d'une myopie intellectuelle, peut-être
incurable, on ne peut la blâmer qu'à condition d'ériger la science
en condition indispensable de la vertu, et les seuls savants en
vrais élus du bien. A peine est-il nécessaire d'ajouter que si l'on
accorde à tous les hommes la connaissance de l'idéal pratique et
qu'on place les causes de leur inégalité morale dans l'inégale

distribution des ressources matérielles nécessaires pour réaliser cet idéal, on ne fait, sur les traces de l'antiquité hellénique, qu'accuser davantage le caractère aristocratique de la vertu.

En résumé, le réalisme admet la nécessité du souverain bien pour justifier notre obéissance au devoir, et celle-ci est réduite à n'être qu'un moyen pour un but supérieur, utilitaire, esthétique ou religieux. Mais ou tous les hommes connaissent ce bien suprême et ne peuvent que le vouloir, ce qui supprime l'intermédiaire de la loi morale ; ou ils n'en connaissent qu'une partie, et leur obéissance cesse d'être raisonnable ; ou ils ne le connaissent pas du tout, et leur obéissance ne les empêche pas d'être vicieux, par suite de la répartition fatale et arbitraire des connaissances pratiques. Le réalisme aboutit au prédestinationisme (1). Si l'on veut maintenir l'universalité de l'obligation, il faut reconnaître que la conduite conforme à l'idéal rationnel peut bien avoir une valeur sociale, esthétique ou religieuse, mais nullement une valeur morale, et par conséquent ne saurait être exigée de tous.

D'où vient donc alors l'accord de tant d'esprits éminents qui soutiennent cette doctrine, quels avantages lui supposent-ils assez grands pour faire oublier le fatalisme qui y paraît ouvertement ?

Elle explique, dira-t-on, l'appréciation et l'estime que nous faisons des choses ; nous admettons entre celles-ci une hiérarchie naturelle, fondée non sur les besoins de notre cœur ou de notre foi morale, mais sur leur excellence intrinsèque, sur leur valeur dans l'absolu. « Il faut admettre sans preuve, écrit M. Janet (2) que les choses sont bonnes, même indépendamment du plaisir qu'elles nous procurent, mais en soi et par elles mêmes. A qui me demandera de lui prouver que la pensée vaut mieux que la digestion, un arbre qu'un tas de pierres, la liberté que la servitude, l'amour maternel que la luxure, je ne pourrai pas plus répondre qu'à celui qui me demandera de lui prouver qu'un tout est plus grand que ses parties ». N'est-ce pas trop laisser, en vérité, à la

---

(1) Tous les systèmes de morale matérielle, c'est-à-dire qui cherchent une fin du devoir en dehors du devoir lui-même, tombent dans l'erreur fondamentale de tout dogmatisme, qui cherche hors du Moi le dernier principe de tout ce qui est dans le Moi et pour le Moi. De semblables systèmes moraux ne sont possibles que par une inconséquence: car pour le dogmatisme conséquent, il n'y a pas de morale, mais seulement un système de lois naturelles. *Fichte, System der Sittenlehre*. Iéna, 1798 p. 227.

(2) Op. cit. p. 59.

fantaisie d'appréciation de chacun, et multiplier à l'infini le nombre des postulats indémontrés? Ne suffit-il pas de croire que le rapport des choses diverses à deux objets absolument bons, le plaisir et l'intention morale, explique nos jugements de perfection? La pensée vaut mieux que la digestion, parce qu'elle sert par les inventions scientifiques ou artistiques à adoucir les maux de la vie, ou bien à former le concept du devoir; la liberté est supérieure à la servitude, parce qu'elle est le privilége des agents moraux; et notre estime enfin de l'amour maternel est faite de reconnaissance et d'affection pour une tendresse, la seule qui n'ait pas besoin d'être cultivée à travers les inquiétudes et les jalousies pour être retrouvée toujours fidèle, la seule qui brave la fortune changeante, et méprise l'ironique mépris du temps.

Le réalisme, dit-on encore, exempte la loi morale du reproche d'arbitraire et de tyrannie : mais cette dernière critique à l'adresse des Kantiens est-elle bien fondée? Oublie-t-on que si l'impératif catégorique ne donne pas de raisons, quand il réclame notre obéissance, les tyrans en donnent au contraire, implicitement au moins, de fort bonnes pour qui ne s'appelle ni Thraséas, ni Boissy d'Anglas ; c'est, dans l'antiquité, le chevalet et l'amphithéâtre, dans les temps modernes la transportation, la pendaison ou la guillotine. Le devoir, pour se faire obéir, n'a point de pareilles menaces; il n'a pour lui que la voix de la conscience: est-ce un motif que les tyrans aiment à évoquer et dont on puisse parler devant eux?

Soit, dira-t-on, mais cet impératif qui nous inflige du moins les remords et la désespérance morale, est-il moins injuste et moins odieux, pour borner ses châtiments à la douleur de l'âme? N'est-ce pas arbitrairement qu'il s'impose à notre soumission, n'est-il pas tout semblable au décret absolu (1), tel que l'ont entendu Hobbes et Crusius, qui, proclamant la volonté divine antérieure et supérieure à la raison, font de Dieu, comme dirait Malebranche « un fantôme épouvantable » (2). On peut répondre, si l'on ne craint pas de soulever le problème métaphysique de la liberté divine et de défendre la doctrine de Duns Scot, de Descartes et de Schelling, que ces notions fondamentales de la vérité et de la jus-

(1) P. Janet, op. cit, p. 211 et suivantes.
(2) *Tr. de Morale* VIII, 17 et 2ᵉ partie XI, 7, sur les droits de Dieu à notre égard.

tice, au nom desquelles nous réprouvons une 'décision arbitraire c'est-à-dire absolue, sont nées elles-mêmes d'une décision absolue et arbitraire : c'est le signe même de leur caractère primitif de ne pouvoir être dérivées d'aucune cause supérieure, et d'être les raisons dernières et arbitraires de nos jugements. Mais sans entrer dans un débat épineux, il suffit de remarquer qu'on juge ici de la loi et de l'ordre moral avec le même critérium que des lois positives et de l'ordre matériel : parce que la justice humaine, dont l'objet est le maintien forcé de la sécurité sociale, propose comme motif à notre obéissance, l'espérance des récompenses ou la crainte des châtiments, on rabaisse à son niveau la justice suprême. On suppose que celle-ci ne peut donner d'ordre que sous la promesse d'un salaire, et par une pétition de principe, on admet que les passions et, si je puis dire, le déterminisme humain sont la mesure et la règle du droit, au lieu que le droit doit précisément, semble-t-il, juger et régler ces passions et nous affranchir de ce déterminisme.

Il faut en prendre son parti : le décret absolu, c'est-à-dire l'indépendance et l'autorité sans restriction, fait l'essence même de l'impératif catégorique : qu'on le veuille ou non, qu'on le sache clairement ou non, il réside au fond de toutes les théories morales et crée seul leur efficacité. Il est chez Kant; et il est chez les adversaires de Kant.

Il est chez Kant : vainement prétend-on, en effet (1), que Kant aurait subordonné le commandement moral à une condition, qui serait l'excellence de la personnalité humaine. « Tu ne dois pas mentir si tu veux agir comme il convient à une créature humaine », telle est la vraie formule d'une règle absolue. Mais de quelle convenance s'agit-il ici ? D'une convenance de fait : je suis toujours bien sûr d'agir comme il convient à un homme. D'une convenance de droit et d'obligation ? D'où vient l'obligation ? « Fais ceci si tu veux être homme, et tu ne peux pas ne pas vouloir être homme (2). C'est une condition, dit textuellement l'auteur, dont on ne peut pas s'affranchir ». Mais ou cette impossibilité provient du déterminisme rationnel, de la fascination du

(1) P. Janet, op. cit. p 199 et suiv.
(2) P. 20 Cf. p. 218. « L'homme ne peut concevoir ainsi sa propre essence sans vouloir en même temps réaliser cette essence ».

bien absolu et notre volonté nécessitée en toute circonstance, fatalement et automatiquement s'élève toujours au-dessus de la passion et du caprice pour être vraiment humaine, ou elle vient
d'une croyance indémontrable à l'obligation arbitraire de vouloir
être homme : n'est-ce pas là l'impératif catégorique?

Qu'on passe en revue quelques unes des matières proposées
pour légitimer la loi du devoir, partout on le retrouve, plus ou
moins habilement dissimulé.

En voici une, aujourd'hui en grande faveur : l'intérêt général.
Fais ton devoir pour contribuer au bonheur de tes semblables,
est un précepte qui semble porter avec soi l'obligation. Le mot
bonheur exerce un tel attrait sur les cœurs humains qu'il suffit presque qu'on l'entende pour courir aux actions qu'on nous conseille
en son nom. La persuasion naît d'elle même, sans presque qu'on
prenne la peine de démêler de quel bonheur il s'agit. Mais, dans
l'argumentation par laquelle on veut prouver la valeur absolue de
l'intérêt général, se cache, comme le dit très bien Zeller (1), une
équivoque, un *quaternio terminorum*. Le plaisir est bon, disent les
utilitaires, et doit être par suite recherché par nous, pour nous
et pour les autres: mais c'est là le sophisme du passage à l'universel. Mon plaisir est bon pour moi, voilà le jugement p.imitif
de l'agent : suit-il que le plaisir des autres soit bon pour moi?
Peut-il l'être autrement que par un commandement désintéressé
qui me prescrit de le rechercher et d'y sacrifier même mon propre
bonheur? En ce cas l'impératif Kantien se surajoute du dehors au
contenu utilitaire.

Cela est vrai, diront d'autres réalistes : mais cette matière de
l'intérêt général, de la félicité d'autrui, est un objet trop étran-
ger à l'homme pour l'émouvoir directement, sans intermédiaire.

Et plusieurs, entre les critiques de Kant les plus distingués,
s'accordent pour mettre la fin de la loi morale dans la perfection
humaine, dans la réalisation de l'Idée platonicienne de l'homme.
« Tout être, écrit M. Janet, se doit à lui même d'atteindre au plus
haut degré d'excellence et de perfection dont sa nature est susceptible: l'homme en tant qu'il comprend sa vraie essence ne peut pas

---

(1) *Uber das Kantische Moralprincip und den Gegensatz formaler und
materialer Moralprincipien.* Berlin 1880 S. 23

vouloir autre chose que cette essence (1). » C'est la doctrine de
Jouffroy sur la destinée humaine, et de tous ses disciples en morale, MM. Bouillier (2) Vacherot (3) etc. En Allemagne, Trendelenburg écrit: « Dans le fait, aucun autre but ne peut être donné à
l'homme que de remplir l'idée de son être, l'homme ne peut en
concevoir ni en reconnaitre un autre que celui qui s'accorde
avec les fins internes de son être. Tout autre but lui demeurerait
inintelligible, ou, en contredisant sa destinée, se tournerait en une
cause de maux. » Et ce n'est pas, bien entendu, d'une essence,
d'une perfection individuelle qu'il s'agit : Trendelenburg affirme
que le commandement moral doit être universel, mais il pense
que « la marque du général est sans contredit contenue dans un
principe au sommet duquel on place non la nature empirique de
tel ou tel homme, mais ce qui est nécessaire d'après les caractères internes qui déterminent la nature humaine.. Ce sera le problème éthique de reconnaitre et de vouloir, comme l'Idée de
l'être humain, cette fin interne par laquelle et pour laquelle
l'homme existe. La fin étrangère à elle même et encore aveugle
dans la Nature sera par là dans l'homme consciente et libre » (4).

Ce caractère général attribué à l'essence humaine fait assez voir
qu'on ne la connait pas par le criterium du plaisir. Mais c'est une
question de savoir s'il y a ainsi un bien humain, une perfection
relative à l'espèce, qui soit autre chose qu'un produit de la
volonté morale, et puisse être conçue par elle même, sans rapport
à la loi du devoir. L'argument par lequel Trendelenburg cherche
à en démontrer l'existence réelle ne parait pas décisif. « Ce serait une contradiction, écrit-il, que les œuvres d'art eussent une

(1) Op. cit. p. 216, 219, 79. « Le bien en général ne peut être une fin
pour nous qu'à la condition d'être notre bien ».
(2) « Qu'est-ce donc que la loi morale en elle-même? L'essence même de
l'homme, la conscience des facultés caractérisques ou de la dignité et de
l'excellence de notre nature, voià, suivant nous, l'unique fondement, voilà
tout le contenu de la morale ». *Morale et Progrès*, p. 50.
(3) « Etre que Dieu a fait homme, disons-noùs, reste homme ». *Essais
de philosophie critique*, p. 298.
(4) Op. cit. 192. 187, 201 Cf. Schleiermacher. *Grundlinien einer Kritik
der bisherigen Sitternlehre.* Berlin 1834. « Il n'aurait pas dù échapper à
Kant combien ce concept de la perfection, en entendant par là pour une
chose l'intégrité de ses attributs génériques, trouve chez l'homme une
application féconde en règles, si on le considère comme un être agissant
d'une façon propre et comme il le veut » S. 45. M. Herbert Spencer, dans
ses *Bases de la Morale évolutionniste*, ne parait pas non plus fort éloigné
de ces idées.

finalité, et que l'homme n'en eût point, mais fût produit sans but par la nature : il serait incroyable que l'œil, le pied, la main et qu'en général tout organe eût manifestement une fonction déterminée et que l'homme comme tout, que l'homme en général n'en eût aucune distincte de ces fins particulières » (1). On voit que Trendelenburg veut fonder la morale sur la base chancelante et métaphysique de la finalité naturelle, et même, chose singulière pour un disciple d'Aristote et qui a lu Kant, de la finalité naturelle externe : la vie des choses ne serait point pour lui sa propre fin à elle même, mais servirait à un but supérieur. Le pied, l'œil, la main existent pour faire vivre l'homme, et l'homme vit pour réaliser son Idée : mais ne peut-on dire aussi bien que le pied, l'œil, la main vivent pour vivre, que la condition indispensable de leur existence est leur rapport à d'autres organes à l'égard desquels leur vie est tout à la fois fin et moyen, et que l'homme est précisément la résultante de ces vies diverses s'épanouissant dans l'apparente unité d'un être distinct ? Laissons cependant cette objection qui nous ferait verser dans les fondrières métaphysiques. Accordons que l'homme a par nature, tout le point du débat est là, une fin, distincte de sa vie individuelle, et dont la puissance créatrice ait abandonné, par une exception unique, la réalisation à sa volonté. Quelle est cette fin ? la perfection de son être. A quoi se reconnaît-elle ? à l'intensité de l'être, répond-on, et à la coordination de ses puissances (2). Mais l'intensité de l'être, est-ce autre chose que l'intensité de l'action, et celle-ci, selon la doctrine d'Aristote généralement acceptée, se mesure-t-elle autrement que par l'intensité du plaisir ? Le plaisir redeviendrait le criterium de la valeur morale des actes. Oui, répliquera-t-on, si vous négligez le second élément de la perfection, la hiérarchie des facultés dont l'exercice produit le plaisir. Mais, sur quoi à son tour se fonde cette hiérarchie ? Sur la propriété, dit-on, qu'ont les facultés supérieures de posséder l'ordre dans leurs manifestations. Qu'est-ce que l'ordre ? Le plus court est d'en venir, comme est tenté de le faire l'auteur que nous citons (3), à reconnaître l'existence d'un sens spécial par lequel nous distinguons intuitivement les qualités et le rang

(1) Op. cit. 180.
(2) P. Janet, op. cit. p. 75.
(3) Comme il le fait dans le passage cité plus haut.

des choses. Zeller (1) fait également très bien voir que le concept de la perfection ne peut se former par le secours de l'expérience, mais repose sur une vue à priori de la nature humaine : c'est purement l'aperception de l'Idée platonicienne de l'homme. Que feront ceux à qui elle manque, les deshérités de la Réminiscence, les incapables de l'ascension dialectique ? Tant il est vrai que toute morale matérielle est une doctrine de privilége et d'arbitraire.

Mais laissons à la rigueur ces difficultés qui regardent plus encore peut-être l'application que la théorie : restreignons nous à la question précise que nous avons posée : y a t-il des matières qui s'imposent sans le concours de l'Impératif catégorique ? Le bien humain est-il au nombre de celles là ? Me promet-il du plaisir : nullement, il exige au contraire, pour la majeure partie d'entre nous, le sacrifice d'inclinations, inférieures tant qu'on voudra, du haut de la notion d'espèce, mais justement chéries par l'individu. C'est, dit Trendelenburg (2), un principe qui unit le général et l'individuel, c'est un général qui n'est pas seulement formel, mais spécifique. Admettons que je comprenne ces expressions : pourquoi m'appliquerais-je à réaliser une idée spéculative, pourquoi préférerais-je l'union du général et de l'individuel à mon individuel tout seul ? Ne répondez pas qu'il y va de ma dignité morale : ce n'est là qu'un nom déguisé du devoir. Que si le bien humain est meilleur que le bien sensible, c'est-à-dire, puisque toute notion d'obligation est écartée, plus riche en plaisirs ou en qualités inconnues, mais que mon cœur devine supérieures aux plaisirs, comment pourrais-je ne pas le poursuivre ? Quel conflit veut-on imaginer entre l'amour de mon bien suprême et l'amour de biens inférieurs ? La lutte s'explique, si les biens à poursuivre sont d'ordre différent, comme le bonheur et la moralité : mais devant le bien absolu, quelle hésitation est possible, que puis-je chercher qui soit meilleur que ce qu'il y a au monde de meilleur pour moi ? L'homme, doué de la vue claire de son excellence, non pas morale, mais absolue, ne peut que céder à l'attrait qu'elle exerce sur lui. Il n'est pas besoin de lui commander d'être homme : il l'est toujours et nécessairement. Et si l'expérience dément cette affirmation trop optimiste, c'est que la loi qui lui prescrit de réaliser son essence,

(1) Op. cit. S. 19.
(2) Op. cit. S. 213,

n'est pas pour lui nécessaire, mais seulement obligatoire : c'est-à-dire que l'Impératif catégorique est surajouté du dehors au contenu de la perfection.

Mais il est une matière plus subtilement choisie encore, un contenu plus spécieux, une raison d'obligation en apparence irréfutable qu'on a essayé de donner à la loi morale, par un raisonnement qui semble pousser la déduction analytique jusqu'à la tautologie. Au lieu de partir du bien absolu pour en faire dériver la loi, on pose d'abord le concept de loi et on en tire un objet qui le légitime. Et quel est cet objet ? la loi elle-même. L'accomplissement de mon devoir est raisonnable, parce qu'il prépare le règne du devoir : mon devoir a pour matière le Devoir. Fichte préoccupé d'enlever à l'Impératif catégorique l'apparence d'une qualité occulte (1), est, croyons-nous, l'auteur de ce tour de force dialectique qui au premier abord entraîne l'assentiment. « L'objet de la loi morale, écrit-il, c'est-à-dire ce en quoi on peut voir son but représenté n'est absolument rien d'individuel, mais c'est la raison en général : dans un certain sens la loi morale se prend elle-même pour objet » (2). C'est-à-dire qu'un pur concept de mon esprit, la croyance au devoir, par une subtile, mais impossible métamorphose, se transforme en un être objectif et réel, se pose hors de mon intelligence, à la façon d'une idée platonicienne. « Je veux la moralité en général, écrit encore Fichte : en moi ou hors de moi, cela est tout à fait équivalent (gleichgültig) : je la veux comme mon action, seulement lorsqu'il m'échoit de la réaliser ; et comme l'action des autres, lorsqu'il leur échoit de la réaliser ; par l'une comme par l'autre, ma fin est atteinte d'une façon égale (3) ». Je ne parle pas de l'étrange conséquence pratique qu'on pourrait tirer de cette doctrine, et qui consisterait à nous reposer sur les autres du soin d'atteindre nos fins par la moralité : je demande s'il n'y a pas là un sophisme analogue à celui de l'argument ontologique. Fais ton devoir pour faire ton devoir, tel est l'ordre que je trouve dans ma conscience, et non pas fais ton devoir pour faire le Devoir.

Le devoir, qu'est-ce qu'une pure idée : comment trans-

(1) *System der Sittenlehre ; der Anschein einer verborgnen Eigenschaft* (qualitas occulta) S. 53.
(2) Ib. S. 341. Cf. 315, 869.
(3) Ib. 308-9.

former une idée en entité substantielle, prêter une existence
réelle à un axiome, à moins de subtituer à l'idolâtrie des causes
si souvent reprochée à l'ancienne métaphysique une sorte d'idolâtrie des lois, qu'on érige en êtres indépendants des phénomènes
et de l'esprit ? Fichte ne tombe pas dans cette faute : mais il en
commet une plus grave. Comme un axiome, même moral, ne peut
exister sans un esprit qui le pense, il personnifie l'impératif
catégorique sous le nom de raison, il fait de celle-ci une faculté
supérieure à la pure faculté d'enchaîner les concepts, capable de
se donner des objets par sa propre activité (1), c'est-à-dire de
poser et de connaître l'être absolu. N'est-ce pas revenir à l'ancien
dogmatisme, imposer encore la nécessité d'une foi théorique à
qui cherche la foi morale ? Fichte est entraîné, lui aussi, à prononcer l'anathème : hors de ma métaphysique, point de salut.
Sinon, il faut bien qu'il reconnaisse que le règne de la Raison
ou la Moralité universelle est un contenu arbitrairement surajouté
à l'impératif catégorique, et non la raison d'être de cet impératif.
La science que je me fais du devoir peut bien me prescrire de
travailler à la moralité en général : mais ce précepte dérive de
l'idée absolue d'obligation, et ne la justifie pas. « Toute action
morale, écrit excellemment Fichte lui-même, doit être, non parce
quelque autre chose est voulue et doit être, mais elle doit être
absolument parce qu'elle doit être. Le devoir est donc un devoir
absolu et catégorique » (2). N'est-ce pas le sens du mot célèbre
de Jacobi : la loi est faite pour l'homme, et non l'homme pour la
loi ! (3) Celle-ci est une conception de l'esprit par laquelle je me
gouverne librement, non un être mystérieux qui m'impose l'obéissance, en contraignant ma sensibilité ou mon entendement.

On dira peut-être qu'en parlant ainsi (4), on change la morale
formelle en morale subjective. Le caractère absolu et impersonnel
de la loi qui en soi est objective, s'évanouit dans l'individualité du
sujet. Mais l'objectivité d'une chose, dans l'école de Kant, n'est
pas autre chose que l'universalité et la nécessité du concept qui la
représente. Ce n'est pas le sujet en tant qu'individuel qui conçoit

(1) *System der Sittenlehre*, S. 64.
(2) Ib. S. 61.
(3) *Brief an Fichte*. Hamburg, 1799, S. 32.
(4) Paul Janet. *La Morale*, p. 42.

la loi ; c'est le sujet impersonnel, pour ainsi dire, par la faculté qu'il a de penser le général. Ce n'est pas le caprice que légitime l'impératif catégorique, c'est la bonne volonté dont l'essence est d'être universelle . M. Janet est au fond d'accord avec nous puisqu'il reconnaît « que quand il s'agit de la moralité de l'agent, c'est la bonne volonté qu'il faut seule considérer (1) ». Et de quoi veut-on qu'il s'agisse pour l'agent? Le principe de la morale peut-il être pour lui un autre que celui qui justifie ce sentiment de l'obligation morale, point de départ nécessaire de toute réflexion spéculative, règle impérieuse de toute activité pratique ?

Ainsi l'assertion de Kant, que la loi commande par sa forme et non par sa matière, résiste à toutes les critiques, et quelque objet qu'on choisisse pour en faire le contenu de la loi, cet objet n'est pas obligatoire par sa vertu même, mais par celle qu'il reçoit de l'impératif catégorique, sans autre raison, sinon qu'il la reçoit. Tous les systèmes, dit très bien M. Janet (2), finissent par un dernier parce que au-delà duquel il n'y en a plus. Même la liaison suprême du bien et de l'obligation s'impose par une décision de la conscience, si elle s'impose en effet, ce qui ne paraît pas tout à fait sûr : on dit tantôt en effet, « que dès que l'on admet l'existence du bien (de quelque manière qu'on le définisse) on ne peut se refuser à admettre en même temps que ce bien en tant que reconnu par la conscience humaine est obligatoire et s'impose comme un devoir », tantôt « que nous sommes capables de comprendre l'idée du bien, et en même temps de la séparer de l'idée d'obligation (3) ». « Le jugement qui unit l'obligation au bien est donc un jugement synthétique et non analytique » (4). Mais nous croyons pouvoir ajouter, au nom du formalisme, qu'un tel jugement n'est ni synthétique ni analytique, qu'il est impossible ; s'il est synthétique, en effet, le bien conçu comme obligatoire n'est pas le bien suprême, qui force l'amour sans consulter la liberté; s'il est analytique, le bien conçu est vraiment le souverain bien, mais celui-ci ne comporte pas l'obligation et ne laisse subsister que la nécessité. Donc, en refusant

(1) P. Janet, *La Morale.*
(2) Ib. Ib., p. 58.
(3) Ib. p. 176, 210.
(4) Ib. p. 211.

d'admettre l'Impératif catégorique, on se heurte exactement au même reproche d'arbitraire qu'on lui adresse, et de plus on s'embarrasse dans une inextricable contradiction.

Au surplus, si à l'autorité du raisonnement on voulait joindre celle de la tradition, il ne serait pas difficile de faire voir que le principe Kantien a été implicitement accepté par les plus grands moralistes. On le trouverait, par exemple, chez un penseur certes bien éloigné de la timidité de Kant, mais que l'évidence subjugue malgré qu'il en ait, chez Malebranche (1). Mais il est un débat célèbre dont une esquisse rapide jettera peut-être un peu de lumière et d'éclat sur les idées que nous soutenons. M. Janet fait très finement observer qu'au fond la lutte des conceptualistes et des réalistes n'est que celle des partisans et des adversaires de la doctrine du pur amour de Dieu. Avec Bossuet il se range de ces derniers : mais peut-être n'a-t-il pas assez remarqué qu'au fond Bossuet et l'orthodoxie religieuse ne peuvent écarter la thèse de Fénelon. Que signifie, en effet, hors de cette thèse, la distinction du catéchisme entre la contrition parfaite et l'attrition, la première inspirée par le regret d'avoir offensé la bonté suprême, la seconde par la crainte des châtiments éternels? Et si la seconde, comme le veut le concile de Trente (2), suffit à justifier le pécheur, la première qui vaut l'absolution et le fait rentrer en état de grâce n'est-elle pas supérieure? Enfin, voyons les orateurs sacrés. Bossuet parle comme Fénelon, et Bourdaloue comme Bossuet et comme St-Ignace (3). A quelle condition, en effet, selon l'auteur de l'Instruction sur les Etats d'oraison, le salut peut-il être le motif de notre vertu? C'est que « Dieu voulant notre salut, il faut que nous le voulions, afin de nous conformer à sa volon-

(1) *Traité de morale* : voir surtout première partie II, 1, 5, 10, 12, VIII, 14, 2e Partie XIV, 5.

(2) Si quis dixerit justificatum peccare, dum intuitu æternæ mercedis bene operetur, anathema sit. Session 14 ch. 4.

(3) « Comme l'élection pour être parfaite doit être déterminée par un mouvement tout céleste d'amour divin, assurez-vous bien que tout ce que vous avez d'inclination (que vous en ayez peu ou beaucoup peu importe), pour l'objet que vous avez choisi, vient réellement de la vue ou de l'amour de Dieu seul.

Dans chaque action s'étudier autant que possible à la sanctifier par la pureté d'intention, qui consiste à ne s'y proposer d'autre motif que la gloire et le bon plaisir de Dieu ». Manrèse. Lyon 1847 p. 378, 349.

té par un saint et parfait amour » (1). Il répète ces paroles de
Saint-Augustin que « l'amour désintéressé, loin d'exclure le motif
de la récompense en tant qu'elle est Dieu même, le comprend
dans son désir » (2). Il dit dans un sermon adressé au public et où,
par conséquent, il ne s'agit pas de raffiner : « l'enfer, si nous l'entendons, c'est le péché même, l'enfer c'est d'être éloigné de Dieu » (3).
Bourdaloue enseigne de son côté que : « se retirer du vice et, après
de longs égarements, revenir à Dieu par un *pur amour de Dieu*,
s'adonner à la pratique de ses devoirs et les observer en vertu de
la récompense qui y est promise, et qui n'est *autre que Dieu même*,
ce sont des motifs supérieurs et beaucoup plus dignes de l'esprit
chrétien » (4). Qu'est-ce à dire en langage Kantien, sinon que la béatitude éternelle, aisément comparable par ses caractères de pureté
à la perfection humaine et au bonheur rationnel, ne saurait être
la matière qui légitime le commandement moral, représenté par
l'amour de Dieu, mais qu'au contraire elle ne peut être voulue que
comme un résultat nécessaire de la pratique du devoir, défini
par l'acquisition du pur amour? Aimer Dieu pour aimer Dieu, faire
son devoir pour faire son devoir, sont deux impératifs également
catégoriques, qui ne se justifient par aucun retour sur nos intérêts sensibles ou rationnels, à supposer qu'on puisse concevoir
clairement ceux-ci. Et la volonté de la béatitude est si peu contenue
analytiquement dans la volonté commandée d'aimer Dieu, que tous
les auteurs accordent que la béatitude est un don gratuit de
sa part (5), que l'amour pur n'entraîne pas nécessairement la félicité éternelle, qu'on peut éprouver l'un sans avoir droit de prétendre à l'autre, c'est-à-dire qu'il y a un lien synthétique entre le
bien et l'obligation. Mais, dira-t-on, du moins la béatitude peut-elle
être voulue par obéissance à la volonté divine : et pourquoi tel
souverain bien que vous pouvez imaginer ne serait-il pas voulu
par obéissance à la loi morale? La seule chose à maintenir, n'est
pas que le devoir ne puisse avoir de matière, mais que cette ma-

(1) T. XXVII. p. 301.
(2) Ib. p. 48·8
(3) Sur la gloire de Dieu dans la conversion des pêcheurs. t. XIV p. 252
(4) *Sermons pour les dimanches* t. IV. p. 158. Sur l'éternité malheu-
reuse.
(5) Merces de congruo, dirait-on en théologie.

tière ne peut être la raison de notre soumission, le salaire escompté et espéré de notre docilité (1).

(1) Qu'on nous permette d'insister un peu sur ce débat historique, et d'indiquer au moins les principaux textes qui établissent la nécessité du pur amour pour Bossuet comme pour Fénelon, mieux encore, le surcroît de désintéressement qu'exige le premier. Il ne s'agit nullement, bien entendu, d'apprécier le quiétisme dans son ensemble, et d'examiner la valeur de la condamnation prononcée contre Fénelon, mais seulement de bien mettre en lumière le principe suprême qu'il pose, et dont il a pu tirer de mauvaises conséquences, soit dans la théorie, soit dans la pratique. On verra que ce principe est parfaitement reconnu par son adversaire. Quel est-il donc ? C'est que le désir de la béatitude, dans l'état de pureté absolue, ne peut être le motif primitif de notre vertu, mais seulement un motif dérivé, contenu dans la volonté d'aimer Dieu pour lui-même et de vouloir par obéissance ce qu'il a voulu pour nous. « Il y aurait une extravagance manifeste à refuser par pur amour de vouloir le bien que Dieu veut nous faire et qu'il nous commande de vouloir. L'amour le plus désintéressé doit vouloir ce que Dieu veut pour nous, comme ce qu'il veut pour autrui... C'est donc une équivoque facile à lever que de dire qu'on ne désire point son salut. On le désire pleinement comme volonté de Dieu. Il y aurait un blasphème horrible à le rejeter en ce sens ». (Œuvres choisies de Fénelon, Paris, Ledentu, 1837, p. 12 Explication des Maximes des Saints, art. IV, Cf. p. 6. p. 8. art. 1) « Celui qui aime du pur amour ne veut la béatitude pour soi qu'à cause qu'il sait que Dieu la veut, et qu'il veut que chacun de nous la veuille pour sa gloire ». (Art. 4 p. 11. Cf. 1re lettre en réponse à divers écrits, paragraphe X, p. 45, Ve lettre p. 92 etc.) Que dit maintenant Bossuet ? « Un amour naturel et délibéré pour la béatitude est sans doute la moindre chose que les hommes les plus vulgaires pussent sacrifier au salut de leurs frères. Nous avons à sacrifier à Dieu quelque chose de meilleur, qui est l'amour même de la récompense qu'inspire aux enfants de Dieu l'espérance chrétienne ». (Préface sur l'instruction pastorale de M. de Cambrai, no 151). « La charité doit avoir pour objet essentiel Dieu en tant qu'il est bon en soi, et non Dieu en tant qu'il nous rend heureux, » (no 38). « La charité est un amour de Dieu pour lui-même, indépendamment de la béatitude qu'on trouve en lui, et la charité est la reine des vertus.» (IIe écrit, no 12.) Dans le XIIIe article d'Issy il a reconnu d'accord avec Fénelon que « dans la vie et dans l'oraison la plus parfaite, tous les actes des plus essentielles vertus sont réunis dans la seule charité, en tant qu'elle anime toutes les vertus et en commande l'exercice. » Ces conférences d'Issy deviennent du reste une arme invincible aux mains de Fénelon, lorsqu'il en cite avec insistance le 33e article (p. 74, 94, 104) accepté par Bossuet, où l'amour est préféré à la béatitude, puisque il est dit que l'âme doit « soumission et consentement à la volonté de Dieu, quand même, par une très-fausse supposition, au lieu des biens éternels qu'il a promis aux âmes justes, il les tiendrait par son bon plaisir dans les tourments éternels, sans néanmoins qu'elles soient privées de sa grâce et de son amour ».

Cela est clair : mais voici qui est encore plus décisif contre Bossuet : c'est la condamnation absolue qu'il fait de tout amour naturel pour la béatitude. Il est nécessaire d'entrer ici dans quelques détails explicatifs. Les Pères ont distingué trois états de l'âme par rapport aux biens de l'autre vie. Dans le premier degré, ils ont mis avec la charité dominante et les autres vertus surnaturelles, une crainte naturelle des peines éternelles, fondée sur un amour naturel de nous mêmes. Dans le second ils ont

La pureté de l'idée morale est donc liée nécessairement à son absolue indépendance ; mais son efficacité pratique y tient peut-être d'aussi près. L'âme humaine, en général, accepte, en effet, le concept d'une obligation ; elle se sent volontairement contrainte à faire parfois le sacrifice de ses fins égoïstes. Elle ne s'enquiert pas du reste des raisons dernières du devoir : vaguement suppose-t-elle qu'en effet il consiste à faire le bien, mais sans méditer longuement sur le lien qui existe entre ces deux idées. Elle les pose, si l'on veut, simultanément, sans se préoccuper de débrouiller la contradiction que leur union implique : car elle tient moins d'ordinaire à la satisfaction de son intelligence qu'à celle de ses passions. Mais enseignez-lui qu'il y a un épineux problème, que son obéissance à l'instinct du sacrifice est absurde, immorale même, si elle n'est pas gouvernée par la vue d'un bien absolu, elle demandera aussitôt quel est ce bien. Et que répondront les

ôté cette crainte, sans ôter la crainte surnaturelle des peines, et ils ont supposé dans ce second degré un désir naturel du contentement qui est dans la béatitude formelle (c'est-à-dire, dans la possession des dons de Dieu distingués d'avec lui) et qui vient de l'amour naturel de nous même, sans préjudice de la charité dominante et de toutes les vertus surnaturelles. Dans le troisième, ils ont ôté cette crainte naturelle des peines, et ce désir naturel d'être content dans l'éternité, sans diminuer ni la crainte surnaturelle, ni l'espérance, vertu surnaturelle et théologale, ni aucune autre vertu (Fénelon, seconde lettre, etc., p. 60). Il y a donc un amour du bien, dû à la grâce, et un amour du bien dû à la nature : ce dernier, qui est délibéré selon Saint Thomas et distinct de l'inclination aveugle (p. 47) est le principe des actions indifférentes telles qu'en peuvent faire les païens (p. 46); il est innocent aux yeux de Fénelon, si bien que dans les tentations violentes, on peut y recourir plutôt que de s'exposer à succomber à la tentation, s'en aider comme d'une imperfection naturelle qui n'est point péché. Que pense Bossuet de cet amour naturel pour nous mêmes, par rapport à la béatitude? Il le condamne formellement comme coupable, parce qu'il ne vient pas de la grâce ; c'est un amour vicieux de la récompense (préf. nº 83), non épuré par un rapport à Dieu ; il est donc bien plus obligé que Fénelon à en commander le sacrifice absolu (Fénelon, ib. p. 60, 64). Bossuet, en refusant de distinguer les deux béatitudes, l'objective qui est la possession de Dieu même, et la formelle, ne laisse place, même dans l'ordre de la charité surnaturelle, qu'à l'amour absolument pur, à la volonté d'agir uniquement pour la gloire de Dieu. Il est encore plus désintéressé que ses adversaires, et encore plus indigné contre la mercenarité qui constitue pour lui un véritable vice. Tout ce débat fait donc peu d'honneur à son habileté dialectique : il manifeste au contraire dans tout son éclat la force et la précision philosophiques de Fénelon ; j'ajoute, la courtoisie supérieure et vraiment chrétienne, qui, jointe à son génie, le fait admirer, et plus encore aimer. Sans vouloir rien diminuer du respect dû à Bossuet, on regrette qu'il n'ait pas suivi dans la polémique cet illustre exemple de modération et de charité.

philosophes, occupés à le chercher sans le trouver depuis deux mille ans? L'humanité, pour quitter ses plaisirs égoïstes, ne serait-elle pas dès lors fondée à attendre qu'ils se soient mis d'accord? J'ai grand peur en ce cas qu'elle ne renonce à la volupté que pour avoir eu tout le loisir de s'en dégoûter. Il est dangereux en morale, non seulement pour la théorie, mais encore pour la pratique, d'accroître ainsi le nombre des postulats, et c'est surtout ici qu'est applicable la formule scolastique : Entia non sunt multiplicanda præter necessitatem. Sans doute, en admettant l'infinité des jugements intuitifs de l'école de Reid, ou même les cinq idées éthiques primitives de Herbart, on simplifie beaucoup et on facilite la science morale : le péril est qu'il ne reste plus personne pour la prendre au sérieux. La curiosité sceptique se réveille et menace d'emporter jusqu'à la notion du devoir.

Pratiquement donc, aussi bien que spéculativement, la notion d'un souverain bien objectif, c'est-à dire conçu nécessairement, et raison dernière de l'obligation morale, est inadmissible. Pourtant nous nous rendons bien compte du motif qui incline tant d'esprits supérieurs à la maintenir : c'est l'utilité dont elle leur paraît être pour la solution des problèmes pratiques. Peut-être cette utilité est-elle plus apparente que réelle; mais si un tel concept peut en effet guider la conscience morale dans ses inspirations, le formalisme est-il absolument obligé de lui en retirer le secours? De ce que la loi ne doit pas commander par sa matière, suit-il qu'elle n'en puisse avoir? Dire que la loi a un contenu, c'est affirmer seulement qu'elle s'exprime en obligations positives, celle-ci, par exemple : tu dois chercher le souverain bien pour faire ton devoir.

Que sera ce bien suprême ? Il ne peut être perçu, nous le répétons, par une vue intuitive de la raison ; il ne peut qu'être imaginé et, pour ainsi dire, construit par le raisonnement. S'il y a dans le monde des choses bonnes, auxquels correspondent des notions claires de l'esprit, en élaborant celles-ci, ne trouverait-on pas des choses meilleures encore ?

Mon plaisir est bon, ma volonté morale est bonne : c'est même ce qu'il y a de meilleur pour moi. Mais si je fais abstraction de mes désirs personnels, j'aperçois quelque chose de meilleur, non pour moi, mais en soi : sans changer rien à l'un ou l'autre de ces biens, mais en les multipliant, je forme quantitativement un bien supérieur, à savoir le plaisir de tous, la volonté morale de tous. Théoriquement, un monde heureux vaut mieux qu'un individu heureux, un monde moral qu'un individu moral, de même que l'infini est plus grand que l'unité (1) : un monde à la fois heureux et moral serait ainsi l'objet le meilleur que je puisse concevoir. C'est là sans doute la genèse psychologique de cette idée du souverain bien que Kant, après l'avoir supprimée dans les Fondements de la métaphysique des mœurs, réintroduit dans la critique de la Raison pratique et dans les ouvrages suivants (2). Est-il ainsi devenu infidèle à son principe fondamental : oui, s'il a pensé que le jugement par lequel nous proclamons ce souverain bien obligatoire est analytique. Non, si ce lien du bien et du devoir est synthétique, c'est-à-dire en réalité, si la notion du bien absolu est une création libre de mon esprit qui une fois posée par moi me détermine nécessairement comme le meilleur objet, mais dont la position est mon œuvre propre : la nécessité de mes actes est ici une nécessité par moi créée. Soit que je poursuive le bonheur d'autrui par le sacrifice de mes fins propres, c'est volontairement que je décide qu'il est le bien suprême, puisque mon intelligence peut encore concevoir un bonheur supérieur, le bonheur universel qui comprendrait à la fois le mien et celui des autres et me déterminait automatiquement ; soit que je veuille travailler à la moralité universelle, je dois poser d'abord ma liberté, qui seule rend possible la conception d'abord, la réalisation ensuite, de cet objet absolu. De même, pour l'accord parfait de la vertu et du bonheur, où se trouve comprise l'existence nécessaire de ma propre vertu.

A la réflexion toutefois, un seul de ces trois biens librement conçus semble pouvoir être l'objet de ma volonté morale. Théoriquement, si je considère le bonheur général comme le but de la loi, je suis obligé, autant qu'il est en mon pouvoir, à y travailler, et à tenir à l'efficacité de mes efforts. Mais seul, je ne puis que

---

(1) M. Taine a, je crois, indiqué dans ses *Philosophes français*, cette façon de former le concept du bien, mais il a oublié d'y joindre, par un acte libre, le caractère de l'obligation.

(2) Schleiermacher, op. cit. S. 94, fait la critique de cette notion : il semble surtout reprocher à Kant « d'avoir ainsi proposé à l'homme un but inaccessible, et considéré une idée cosmique et qui dépasse de beaucoup le domaine de la morale ». Excepté pour l'auteur du monde, un tel objet ne peut susciter que le désir, et non la volonté.

bien peu de chose : il me faut d'autres moyens que mon abnégation individuelle ; il me faut l'abnégation des autres. Je dois donc
amener mes semblables à la pratique du désintéressement par
lequel seul est possible la production de la fin suprême, c'est-à-
dire que, pour procurer le bonheur de tous, je dois commencer
par développer la moralité universelle. Pratiquement, par l'étude
des conditions réelles du bonheur, nous arrivons, si nous en
croyons Herbert Spencer, aux mêmes conclusions. La félicité est
si peu une chose objective, une fin maniable et transportable, pour
ainsi dire, de l'un à l'autre, que on ne peut guère donner à ses
semblables autre chose que les moyens égaux pour tous de la
chercher comme ils l'entendent. « Il n'y a rien à distribuer également, si ce n'est les conditions dans lesquelles chacun peut poursuivre le bonheur. Les limitations de l'action, les degrés de
liberté et de contrainte doivent être les mêmes pour tout le
monde... mais c'est dire tout simplement qu'il faut assurer l'équité. La justice est une fin plus intelligible que le bonheur : car la
justice, ou l'égalité, ou l'équité se rapporte exclusivement à la
quantité dans des conditions déterminées, tandis que le bonheur
se rapporte à la fois à la quantité et à la qualité dans des conditions non déterminées » (1). Faire respecter la justice ou développer les instincts moraux qui en assurent le respect, voilà donc
la seule manière efficace de travailler au bonheur universel.

Il en est de même, si l'on envisage le Souverain Bien conçu par
Kant, l'accord de la félicité et de la vertu. « La parfaite conformité
des intentions de la volonté à la loi morale, écrit Kant, est la condition suprême du souverain bien » (2). En effet, elle est nécessaire,
nous venons de le voir, pour produire le bonheur ; à fortiori, pour
procurer la moralité universelle. Il n'y a donc qu'une conception
possible d'un objet absolu, matière volontairement ajoutée à
l'impératif catégorique : c'est la production d'un univers moral,
dont ma propre vertu fait partie intégrante, d'une harmonie des
bonnes volontés; c'est l'avènement du règne des fins, ou, comme
aiment à parler Kant et Schleiermacher, la formation d'un peuple de Dieu. De cette façon, et de cette façon seule, la notion d'un
bien, supérieur à l'intention pure et compatible avec le libre arbi-
re, trouve en morale une place légitime.

(1) *Les Bases de la morale évolutionniste*, p. 192, 143. Cf. 199, 204.
(2) *Critique de la Raison pratique*, tr. Parni, p. 129.

CHAPITRE II

L'IDÉE DU DEVOIR

L'idée du devoir ne peut être que celle d'un impératif catégorique. — Objections des utilitaires contre cette idée : ni en fait, elle n'est universelle, ni en droit, elle ne peut être absolue. — Examen de ces objections : comment elles sont fondées.

L'idée du devoir est le mystère premier de la morale. La croyance à cette idée exige un pari absolument désintéressé. — Comment la critique est en droit de repousser un postulat absurde qui ne sert ni nos intérêts spéculatifs, ni nos intérêts pratiques.

Comment la critique le rétablit elle même, après s'être appliquée aux conditions de la félicité humaine, et fonde ainsi la morale sur le pessimisme.

Lorsqu'on a ainsi ôté au devoir la matière de l'idéal rationnel, on rencontre une seconde fois la critique des utilitaires, et c'est la loi morale même qu'il faut légitimer. Vous réduisez l'activité morale, diront les nominalistes conséquens, à la conception et à l'application d'une règle purement formelle ; vous proscrivez tous les plaisirs, qu'il s'agisse de plaisirs inférieurs fournis par les biens sensibles ou de plaisirs délicats unis à la possession du Souverain Bien : par quoi espérez-vous encore déterminer la volonté humaine ? L'impératif catégorique serait la vraie forme du devoir, si le devoir existait : mais existe-t-il ? Vous avez supprimé la matière de la loi : il faut aussi en supprimer la forme. Il faut nier la valeur, l'existence et la possibilité de l'idée morale, au nom de la logique et au nom des faits.

Au nom des faits, d'abord : quelle est au fond la force véritable de l'hypothèse d'un impératif catégorique ? C'est qu'elle rend dans toute condition la moralité possible, et qu'une loi formelle peut être conçue et appliquée partout. Mais cette loi, mise ainsi à la portée de tous, où la voit-on, en effet, reconnue et obéie? Cette prétendue morale universelle, où la rencontre-t-on? Il n'y a rien au monde de si variable que les préceptes de justice : l'impératif, conçu identiquement par tous, s'exprime pour tous en commandements différents. Il ne faut pas essayer de répondre que ce qui est universel n'est pas la connaissance du devoir, mais seulement la puissance de le remplir si on le veut, que tous seraient capables de le faire, s'ils le voulaient, mais qu'ils ne songent pas à le vouloir. Car pour que l'égalité soit respectée, il est nécessaire que tous songent instinctivement à le vouloir : la conception de ce devoir ne peut être le fruit de la liberté qui en dérive, mais ne la précède point. Ici, comme ailleurs, l'existence d'une spontanéité pratique et d'une croyance instinctive précédant la volonté délibérée et la connaissance réfléchie est indispensable: la plupart des hommes écartent dans leur conduite l'idée du devoir, et de là les différences des actions : mais pour l'écarter, il faut au moins qu'ils l'aient, et d'après le principe du formalisme, qu'ils l'aient universellement. Comment alors les lois positives et les codes, les usages même des peuples, où elle trouve un reflet nécessaire, une influence légitime, présentent-ils tant d'oppositions?

On peut répliquer d'abord en essayant de réduire le nombre de ces oppositions prétendues, en montrant qu'elles proviennent d'une étude inattentive des législations écrites, ou de l'incompétence de ceux qui observent des mœurs et des usages différents en apparence de ceux que nous pratiquons : c'est ce qu'a fait M. Janet dans un des chapitres de sa *Morale*, dont on a dit qu'il avait fait entrer le problème en question dans la phase positive (1) par l'abondance des documents et la nouveauté des aperçus.

On peut encore répondre qu'il n'est pas sûr que les mœurs des peuples, ni leurs législations expriment leurs idées morales. Les mœurs, parce que leur conformité à la loi peut être reconnue comme obligatoire sans être réalisée; les législations, parce que les hommes dans leurs arrangements sociaux ont moins en vue le triomphe de la moralité que l'organisation la plus profitable, la plus féconde en plaisirs, de la puissance publique. S'ils songent,

(1) *La Morale*, 3ᵉ partie, ch. IV. *De l'universalité des principes moraux*, de Quatrefages. *L'espèce humaine*, liv. X. ch. 31.

en composant leurs codes, à la loi morale, du moins ils n'en considèrent pas la forme, mais la matière que le caprice et l'humeur nationale ou les variations de la pensée humaine lui prêtent pour un temps, autrefois la volonté divine, aujourd'hui l'intérêt général, demain peut-être, si les doctrines de Schopenhauer se répandaient, l'anéantissement du monde. Ce n'est pas le principe pur du formalisme que nous voyons appliqué, mais ce principe altéré par la notion d'un contenu arbitrairement choisi : comment le rendre responsable de dissentiments qui se produisent après qu'on le viole ou du moins qu'on le corrompt ?

Si l'on se tient fermement, d'ailleurs, à la doctrine de l'intention morale, on aperçoit qu'il ne faut pas donner tant d'importance aux œuvres pratiques, aux résultats matériels de l'activité humaine ; c'est le secret motif de cette activité qu'il convient de pénétrer pour porter un jugement sur elles. En consultant les monuments écrits chargés d'exprimer nos croyances morales, on n'y réussira point ; nos actes, en effet, parfois tournent contre notre intention ; et celle-ci, unique et pure dans la conception, peut se diversifier à l'infini dans l'exécution, suivant notre éducation et nos ressources. En elle-même, cette affirmation qu'il faut agir par respect pour la loi, qu'est-ce qu'une croyance vague, un instinct qui nous avertit que quelque chose est absolument commandé, quelque chose absolument défendu par une puissance qui n'a point égard à nos désirs ou même à nos besoins ? mais la nature de ce quelque chose n'est pas explicitement désignée par le commandement éthique. Réduit à ce rôle, l'instinct moral ne réside-t-il pas dans toutes les consciences, au moins à l'origine ; s'il est méconnu dans la pratique, s'il est effacé même chez le criminel endurci par la compression habituelle des sentiments qu'il engendre, en est-il moins universel ? L'avoir perdu est une preuve excellente qu'on l'avait possédé.

Mais quand on réfuterait l'argumentation précédente, quand on dirait, comme incline presque à le faire M. Janet, que peut-être l'humanité n'a pas commencé par l'idée du devoir, que peut-être la responsabilité morale est un état acquis, résultant lui-même d'un certain développement naturel de la raison, et que tous les hommes, même à l'état de civilisation, n'y sont pas encore arrivés (1),

_____

(1) Op. cit. p. 421 et 563. Cf. d'excellentes pages, 205, 182 et suiv. dont nous nous inspirons librement dans la suite.

cela changerait-il rien aux problèmes moraux pour ceux d'entre nous qui y sont, en effet, parvenus? Les agents qui se sentent responsables ne sont-ils pas autorisés à chercher quelle conduite leur convient en vertu de cette responsabilité, ou veut-on pousser le nivellement démocratique jusqu'à leur interdire sur leurs semblables même cette supériorité?

On ne songe à rien de pareil, répliquent les utilitaires : conduisez-vous comme bon vous semble, sacrifiez vos plaisirs même les plus délicats à l'idée du devoir : c'est un plaisir de vanité qui peut être en vaut un autre et qui vous détermine réellement. Mais reconnaissez que cette idée est une chimère, une œuvre artificielle de votre imagination : car si elle était un produit naturel de l'esprit humain, elle serait dans toute les consciences ; si elle est seulement dans quelques-unes, c'est par un travail d'abstraction et de perfectionnement qu'il est, en vérité, bien facile de démêler.

Ici se présente ce que M. Janet appelle spirituellement la théorie zoologique de la morale, théorie si connue qu'il suffit de l'indiquer très brièvement. L'instinct social au début, puis par l'expérience et l'hérédité, un raffinement progressif de cet instinct qui en dissimule l'origine animale et les avantages égoïstes, voilà d'où naît la croyance au devoir absolu : des actions dictées par la nature, conseillées par la prudence qui en manifeste l'utilité pour nous mêmes, nous apparaissent comme librement voulues, sans retour sur notre intérêt propre, et par égard pour une loi abstraite. Qu'on marque ainsi les antécédents et les conditions psychologiques, l'évolution, pour ainsi dire, souterraine d'une idée en voie de parvenir à la conscience, cela est possible : peut-être même explique t-on l'habitude de faire machinalement certains actes matériellement désintéressés, habitude tellement humaine qu'elle se retrouve même chez les plus égoïstes, chez les égoïstes de réflexion et de volonté qui céderont parfois à l'entraînement d'une sensibilité ainsi acquise. Mais pourquoi, dans l'âme ramenée ainsi au spectacle de son animalité primitive, à qui l'on fait voir clairement le cachet instinctif ou utilitaire du sentiment de l'obligation, ce sentiment persiste t-il ? pourquoi continue t-elle de supposer que la combinaison des tendances animales avec les conseils de l'égoïsme bien entendu n'a pu engendrer la notion du devoir qu'à la condition de la renfermer elle-même comme un troisième élément ? On me dit que le devoir a pu provenir de cette combinaison et n'est qu'un calcul déguisé. Je persiste cependant à croire qu'il a pu naître d'ailleurs, que j'agis pour lui obéir, non pour céder aux lois d'une ingénieuse arithmétique sociale. J'apprends qu'il n'existait pas encore, que je n'en voyais que le vain fantôme: qui m'empêche de le créer, et de remplacer l'impératif hypothétique de la théorie zoologique par le véritable impératif du devoir ?

Ici les utilitaires nous arrêtent encore, et cette fois d'une façon plus décisive. Après avoir nié, en fait, la réalité de la conception morale, ils en nient, en droit, la possibilité. L'instinct moral, ou pour mieux dire, l'instinct dont les effets matériels sont analogues à ceux de cette conception, peut exister comme le produit machinal de l'évolution que nous avons indiquée : mais le devoir réfléchi est une illusion. Nous nous trompons nous même en croyant le penser et le vouloir : l'idée morale est une idée contradictoire, inconcevable à notre raison ; c'est l'hallucination d'une sensibilité mystique.

Premièrement, on objecterait peut-être au formalisme que c'est la conception d'un objet absolu, et qu'une telle conception, d'après les disciples de Hamilton, est impossible, s'il est vrai que la pensée d'un être absolu, c'est-à-dire conçu comme indépendant de la pensée, est une contradiction : mais, même à supposer qu'avec Fichte, on se représente la loi morale comme une Idée réalisée, peu importe qu'en la pensant, on la rende relative aux lois invariables de l'intelligence humaine, puisqu'il n'est point nécessaire qu'elle soit connue hors de tout rapport avec l'humanité qu'elle doit gouverner, et qu'il suffit qu'elle soit conçue, c'est-à-dire altérée de la même manière par tous les esprits. C'est la supériorité de la raison pratique sur la raison spéculative de n'avoir point à résoudre le problème de la connaissance, puisque ce dont elle cherche la législation n'est pas l'Être pur, mais l'homme moral, et que son objectivité lui vient, non d'une harmonie préétablie toujours indémontrable entre la pensée et l'être, mais de la volonté libre qui n'a pour les lois qu'elle engendre, ni à redouter l'obstacle, ni à souhaiter le concours du monde extérieur. Du reste, si la loi morale n'est qu'une pure conception, le problème posé par

Hamilton (1) n'existe pas : ne puis-je en effet concevoir une notion sans la rapporter à aucune notion supérieure? Ne puis-je, dans la sphère de l'intelligible pur, rencontrer des affirmations intelligibles suprêmes, qui établissent entre deux termes incompréhensibles un rapport évident, telles que la loi de contradiction ou la loi du devoir. Ces deux catégories dernières ne trouvent-elles pas un symbole concret, ou, dans le sens précis du mot, un schème immédiat dans la représentation d'une règle universellement, ou si le terme paraît encore trop ambitieux, indéfiniment obéie? Je pense une loi comme absolue, c'est dire que quelques circonstances de temps ou de lieu que j'imagine, je la déclare appliquée, s'il s'agit de la règle de l'entendement, applicable s'il s'agit de la règle de la volonté. Qu'y a-t-il là d'impossible et qui surpasse mon intelligence?

On insistera encore. Parler ainsi, objectera t-on, c'est déplacer le problème. Il n'est pas question de savoir quel signe empirique correspond à la notion d'une loi prétendue catégorique : un criterium de fait ne peut prouver qu'une telle notion existe en droit. La chimère du devoir rencontre une adhésion jusqu'à présent universelle : mais cette universalité est provisoire ; demain peut-être par tous les esprits éclairés, dès aujourd'hui par quelques-uns, elle est détruite. Recourir à l'universel parfait pour se faire une conception symbolique d'un absolu est une contradiction : l'universel parfait est, comme le nombre infini, inconcevable. La notion d'une loi absolue est une construction empirique de l'esprit et, comme telle, dénuée de toute valeur apodictique.

Voilà pour l'intelligibilité d'une semblable conception, posée abstraitement et dans la théorie : quant à son efficacité, elle n'est pas moins impossible à comprendre. Quel ascendant pratique peut avoir l'énoncé d'une règle, à l'application de laquelle n'est attaché aucun bien, ni dans le présent, ni dans l'avenir ? On croit y obéir : on cède en réalité ou à des réflexions égoïstes accumulées, et qui, au moment de la résolution, se dissimulent loin de la conscience claire, sans rien perdre de leur poids réel, ou à des instincts sympathiques, ou aux impulsions irrésisti-

(1) Peut-être ici plutôt par Maine de Biran.

bles de la machine animale. D'Impératif catégorique, il ne faut pas
en parler, ni aux amis de la logique, ni aux partisans de
l'expérience.

A l'autorité de ces critiques, on peut en joindre une bien plus
imposante, qui les confirme à la fois et les détruit, celle de Kant
lui-même. Il est le premier à reconnaître ce qu'il appelle le paradoxe de sa morale, à savoir que « sans autre fin ou but avantageux
à atteindre, le respect pour une pure idée puisse servir de règle
inviolable à la volonté (1); on peut élever le soupçon, dit-il, qu'une
chimère de haut vol sert secrètement de fondement à l'Impératif
catégorique, et qu'il est un *fantôme cérébral* (2). A propos de la
première maxime, il avoue nettement la difficulté : « Comment
maintenant la raison pure, sans aucun des principes d'action qu'on
pourrait emprunter d'ailleurs, peut-elle être par elle même pratique? En d'autres termes, comment ce simple principe, l'aptitude
de toutes les maximes de cette raison à être érigées en lois univer-
selles, sans intervention d'aucun objet de la volonté capable de
nous inspirer d'abord un intérêt quelconque, peut-il à lui seul
constituer un principe d'action et imposer un intérêt digne d'être
nommé purement moral? Autrement dit, comment une pure raison peut-elle être pratique? D'expliquer ce mystère, c'est ce qui
dépasse la raison humaine ; le tenter, c'est perdre son temps et sa
peine » (3).

La déclaration est précise : mais qui peut s'en armer contre la
morale Kantienne ? Les déterministes seuls : car les réalistes sont
non seulement forcés d'accepter l'obligation mystérieuse d'accomplir le bien, mais l'affirmation non moins mystérieuse et arbitraire
que le bien réside dans tel ou tel objet, peut-être chimérique,
peut-être inaccessible, en tout cas indifférent à notre sensibilité.
Ils ont de plus le désavantage de ne pas vouloir se résigner à un
aveu indispensable, et par là d'offrir trop beau jeu à leurs adversaires par la faiblesse de leurs démonstrations.

L'obscurité du premier principe de la morale est donc nécessai-

(1) *Grundlegung*, etc. S. 65.
(2) *Hochfliegende Phantasterei, Blosses Hirngespinnst* ib. S. 12 27
Kritik etc., S. 184 Cf. S. 87.
(3) *Grundlegung*, S. 92 ; la traduction est de M. Burdeau dans le
Fondement de la morale de Schopenhauer, p. 71 Cf. tr. Barni, p. 123.

re : il faut l'avouer hautement; il faut même, ce qui n'est pas difficile, le démontrer. On connaît cette page où Kant fait voir qu'une certaine ignorance est la condition du désintéressement, et que la vue claire de Dieu et de l'éternité, avec leur majesté redoutable, aurait pour conséquence nécessaire d'entraîner par la crainte notre soumission à la loi morale, et de faire dégénérer la conduite de l'homme en un pur mécanisme, où, comme dans un jeu de marionnettes, tout gesticulerait bien, mais où l'on chercherait en vain la vie sur les figures (1). Démontrer la loi morale, ce serait la détruire en faisant retomber l'homme sous le joug du déterminisme.

De quelle manière, en effet, peut-on prouver la valeur d'une règle pratique? Ou bien, on empruntera les raisons à l'ordre des motifs sensibles, on montrera que l'obéissance à la règle est la source de plaisirs certains, ce qui est ramener l'impératif moral à un précepte utilitaire. Ou bien on rattachera la loi du devoir à un principe supérieur qui la renfermerait comme un corollaire; mais ce principe, pour conférer à la loi l'efficacité pratique, doit la posséder lui-même. Lors même qu'il serait le principe de l'entendement, le principe d'identité (2), il serait ici conçu d'une manière différente, comme impliquant une obéissance non plus spéculative, mais pratique : d'où lui vient cette autorité nouvelle? La tient-il d'un bien suprême, dont l'aperception force le désir et ne laisse point place à l'hésitation, c'est à-dire à la liberté? Cette affirmation aboutit au déterminisme. La tient-il de lui-même : il est alors le véritable impératif catégorique, qui prescrirait de réaliser dans la pratique la notion abstraite : A=A. C'est donc vainement qu'on essaye d'esquiver cet ordre mystérieux et suprême. Fichte l'a tenté, il s'est vanté de faire clairement comprendre comment la raison peut être pratique, et comment cette raison n'est pas une chose merveilleuse et inconcevable, mais la même que nous reconnaissons sous le nom de théorétique (3). Mais sans lui contester le mérite d'une clarté qui échappe pourtant à nos faibles yeux, il suffit de rappeler qu'il déduit le devoir de la liberté pri-

---

(1) *Kritik...* S. 177 tr. Barni p. 308.
(2) On sait que M. Littré a essayé de fonder la notion de justice, qui n'est qu'un autre aspect de l'idée morale, sur la loi d'identité : A = A.
(3) Op. cit. S. 63 cf. 53.

mitive du Moi, et que cette liberté est pour lui l'objet d'une affirmation indémontrable. Je suis libre, s'écrie-t-il, c'est le premier
article de foi : si nous pouvions comprendre la liberté, elle cesserait d'être liberté. Comprendre, c'est en effet rattacher un concept
à un autre et là où une telle liaison est possible, n'existe pas la
liberté, mais le mécanisme. Vouloir comprendre un acte de liberté
est absolument contradictoire (1). Qu'on rapproche de cet aveu la
phrase célèbre où il est dit que l'unique fondement solide et dernier de toutes mes connaissances est mon devoir (2), et qu'on dise
si la supposition de la liberté, qu'elle fonde ou suive la supposition du devoir, est autre chose qu'un premier postulat, objet de
foi, mais non jamais objet de science.

. Semblable au Deus absconditus de Pascal, la loi morale ne se
révèle qu'à ses adorateurs ; elle veut être crue sans preuves,
non pas pour augmenter par le sacrifice de notre orgueil
intellectuel le mérite de notre croyance ; car, dans l'idée
d'une loi morale, le sacrifice et l'effort ne sont compris
que d'une manière contingente, à cause de nos faiblesses,
à titre humain, pour ainsi dire: mais parce que sa nature de principe suprême le comporte ainsi. Sa réalité objective, comme la réalité transcendante du Dieu des pensées, est l'objet d'un pari moral,
mais cette fois exempt de toute espérance mercenaire : elle est
parce qu'elle est, ou plutôt parce que nous voulons qu'elle soit.
Tout l'effort de la dialectique philosophique est de lui conférer ce
qu'un de nos maîtres appelle l'évidence propre aux choses morales, de se transformer en éloquence d'observation et d'enthousiasme pour entraîner les âmes à l'adhésion, de devenir l'art d'é-
vocation et de magie, dont parle Platon (3), et de faire
accepter des âmes serviles que nous sommes le sacrifice absolu
de notre nature, sans arrière pensée ni calcul inavoué, qui fait
l'essence de la moralité.

Nul doute qu'une semblable évocation ne soit particulièrement
difficile : c'est le cœur qui parle au cœur pour la produire, et
jamais à la raison. Le concept moral n'est pas, en effet, le seul
mystère que nous soyons contraints d'admettre, mais c'est le seul

(1) Ib. 50, 238.
(2) Ib. 224.
(3) Ollé Laprune. *De la Certitude morale*, p. 382.

mystère inutile à l'explication des réalités cosmiques : notre science humaine est pleine d'autres hypothèses, mais d'hypothèses imposées par la présence indéniable des faits. Considérons, en effet, ce qu'Herbert Spencer appelle les notions dernières des sciences (1), ces postulats qui les distinguent les unes des autres, sur lesquels elles reposent, et qui sont autant de manifestations de l'Absolu dans le monde des phénomènes, autant de solutions de continuité dans la chaîne analytique de nos connaissances. L'espace pur, fondement de la géométrie, ne suffit pas à expliquer la réalité concrète ; il y faut, comme l'a fait voir Leibnitz, ajouter synthétiquement la force, fondement de la mécanique qui tend à fournir, on le sait, l'explication des phénomènes physico-chimiques ; de même, sous le nom de vie ou d'organisation, de conscience, ou de face subjective du mouvement, on avoue des causes inconnues en elles-mêmes, qu'il faut se garder de prendre pour des explications, mais dont la supposition fait le point de départ nécessaire d'une nouvelle série d'explications. Les sciences sont comme autant de déterminismes hétérogènes, étagés les uns sur les autres, que la métaphysique a pour mission d'unir. Mais du moins si l'intelligence humaine est contrainte d'admettre ces notions premières et indépendantes, est-il inutile de les multiplier outre mesure, d'en imaginer pour rendre compte de faits qui peuvent ressortir à une science déjà constituée. On n'invente pas une force chimique pour expliquer les faits chimiques, puisqu'ils sont réductibles à des faits mécaniques. De même, disent les utilitaires, il ne faut pas, sous le nom de moralité, supposer une cause inconnue de certains actes humains. Les causes révélées par l'expérience et le déterminisme psychologique suffisent à expliquer toute l'âme. Et ici encore, se rencontre le témoignage favorable de Kant : il affirme qu'on ne peut prouver par aucun exemple, par conséquent d'une manière empirique, l'existence d'un impératif moral, que tous les impératifs qui semblent catégoriques peuvent bien être au fond hypothétiques, et qu'aucune expérience ne peut donner l'occasion de conclure la possibilité d'une

---

(1) Cf. de Quatrefages. *L'espèce humaine*, Introduction, et surtout la thèse de M. Boutroux : *De la contingence des lois de la nature*. Germer Baillière, 1874.

loi apodictique (1). La crainte des châtiments ou l'espoir des récompenses sociales, l'égoïsme prudent, l'amour propre « dont les transformations passent celles des métamorphoses, et les raffinements ceux de la chimie », les instincts délicats de l'âme engendrent seuls les actes en apparence désintéressés, et avec eux la prétendue croyance morale et libre, qui n'est au fond qu'un orgueil subtil ou qu'un mysticisme déguisé. Que sert d'introduire ici une nouvelle notion absolue, celle du devoir, contraire à nos intérêts spéculatifs puisqu'elle rompt encore une fois l'enchaînement systématique de nos connaissances psychologiques, contraire à notre intérêt pratique qui n'est jamais que l'intérêt de nos plaisirs, puisqu'un intérêt moral est précisément l'hypothèse chimérique que la science non-seulement ne réclame pas, mais prescrit rigoureusement d'écarter ?

La critique semble donc prononcer, au nom de la raison violentée, comme au nom de l'instinct en révolte, un arrêt irrévocable contre la notion du devoir : elle le relègue parmi les chimères dont a vécu l'enfance de l'humanité, mais que son âge viril démêle et rejette, parmi les fantômes les plus funestes mêmes du passé ; en nous arrêtant sur la voie du bonheur, en comprimant notre libre essor vers la vie sereine et souriante, cette notion a été le mauvais génie de notre espèce. Qui pourrait songer à ranimer ce spectre monastique et lugubre, et tenter de lui rendre l'existence ? précisément la critique elle-même. Elle a fait son œuvre contre l'impératif catégorique, il faut qu'elle la fasse encore contre les espérances qu'on veut lui substituer. Elle seule a fait le mal ; car les consciences naïves qu'elle n'a point raffinées n'ont jamais sondé l'absurdité du sacrifice. Elle seule est capable de le réparer, et de rétablir plus fermement accepté que jamais le joug bienfaisant du devoir.

Quelle raison, en effet, invoque contre les croyances morales la critique positive qui ne parle au nom d'aucune métaphysique rationnelle ou religieuse ? C'est qu'elles semblent avoir pour conséquence le renoncement définitif à la félicité, et qu'elles interdisent de prendre le bonheur comme une fin délibérée de nos efforts : mais si ce renoncement était aussi bien le résultat de la réflexion sur la condition humaine, entre un sacrifice volontaire et résigné,

(1) *Grundlegung...* S. 52, tr. Barni p. 55, et S. 28.

et un sacrifice imposé et plein d'angoisses impatientes, quel motif resterait-il de ne pas consentir au premier? Il est inutile sans doute de recommencer l'énumération des maux qui accablent l'humanité, et qui prouvent assez que l'homme, comme tous les autres êtres, a été créé, par la nature, suivant les lois de la finalité interne, pour être et non pour être heureux; et, si l'on dit que la nature lui a conféré la faculté du libre arbitre pour travailler lui même à sa félicité, outre qu'il est impossible de voir dans le libre arbitre séparé du concept moral autre chose qu'une inclination fatale, plus délicate que les autres ou mieux gouvernée par un égoïsme prudent, on oublie que les maux les plus cruels viennent peut-être de la réflexion sur les biens dont s'enchante notre aveugle espérance. Pas un de ces biens sans doute ne résisterait à une critique pénétrante, et elle aurait vite fait d'en rendre insupportable jusqu'à l'imagination. Les âmes songeuses à qui l'instinct du devoir s'est révélé comme une illusion seront-elles plus aisément dupes des apparences de plaisir que la nature a semées sur notre route? Il est permis d'en douter : pour elles, les joies de la vie sont flétries jusque dans leur fleur, et le bonheur est, « comme le soleil et la mort, une chose qui ne se peut contempler fixement » ; sous leur regard, il s'évanouit, comme Eros devant la lampe curieuse de Psyché. S'il vient, c'est par hasard, ou par le moyen du dévouement obligatoire et absurde; et quand elles ne l'attendaient plus. Mais l'âme qui meurt ainsi volontairement à la vie de ce monde, n'est-elle pas préparée à renaître à la vie morale. La soif du sacrifice suit le dégoût des biens sacrifiés ; lorsque tout espoir est condamné et toute illusion perdue, le devoir reste dans toute sa hauteur, avec ses promesses de sérénité. S'il est la vérité, quelle âme délicate pourrait supporter d'en avoir délibérément fait mépris? s'il est une chimère, elle vaut bien celle du bonheur, et suivant le mot de Platon, il y a là de beaux risques à courir.

DEUXIÈME PARTIE

L'AGENT MORAL

INTRODUCTION

L'agent moral doit posséder, par le seul fait qu'il est soumis au devoir, certaines qualités antérieures à la pratique du devoir, et certaines qualités engendrées en lui par cette pratique. — Méthode qui sert à déterminer ces qualités; part de la méthode à priori, part de la méthode à posteriori dans la morale. — Comment l'emploi de la méthode empirique expose la morale à de certaines erreurs et à des variations pratiquement indifférentes seulement d'après la morale formelle. — Origine des fausses appréciations morales. — Nécessité du doute provisoire.

La question du fondement théorique du devoir est loin d'être la plus importante en morale ; elle le cède de beaucoup à la question des règles pratiques qu'il faut suivre. Que l'on considère l'obéissance à la loi comme le moyen d'atteindre le Souverain Bien, ou comme le véritable but absolu, le problème décisif aux yeux de l'agent moral sincère reste le même. Que dois-je faire ? Il ne suffit pas de savoir que l'homme doit se transformer en agent moral ; il faut savoir ce qu'est précisément un agent moral.

Les caractères qu'il possède sont de deux sortes : ou bien ce sont des qualités qui rendent sa vertu possible, sans lesquelles l'obligation n'est qu'une idée chimérique, ou bien ce sont des qualités qui naissent de la pratique même du devoir ; les unes sont logiquement antérieures, les autres chronologiquement postérieures à la conduite morale ; les unes sont les conditions ou postulats, les autres sont les résultats de la moralité ; celles-là par suite doivent être innées chez tous, celles-ci sont conquises par quelques-uns. Comment connaître les unes et les autres ? Suffit-il, pour y réussir, de développer ce que renferme l'idée même de la morale formelle ? de cet unique caractère qu'un être est sujet de l'Impératif catégorique, peut-on déduire à priori les qualités universellement nécessaires et les devoirs particuliers de l'agent ? Kant semble l'avoir pensé, quand il a déclaré que la moralité doit être déduite purement du seul attribut de la liberté, et qu'elle serait ainsi valable non-seulement pour les hommes, mais pour tous les êtres raisonnables en général (1).

On est en droit, tout au moins, d'examiner la valeur de cette assertion : il ne suit pas, en effet, du caractère formel de la loi morale qu'on puisse à priori en connaître toutes les applications, dans quelque monde et envers quelques êtres que ce soient, et peut-être Kant, en affirmant cette prétention sans la justifier ni par le raisonnement ni par son exemple (2), a-t-il gratuitement exposé à des objections spécieuses (3) le principe même de sa théorie. C'est une étude préliminaire, indispensable au succès de nos recherches, de fixer la part des déductions à priori dans l'éthique, et la part de l'expérience.

Nul doute, en dépit des assertions tranchantes de Schopenhauer (4), que l'Impératif catégorique ne puisse et ne doive être conçu à priori. Ce n'est pas, il est vrai, comme l'a dit Kant (5), parce qu'il ne pourrait, dérivé de l'expérience humaine, s'appliquer à tous les êtres raisonnables, car notre obéissance à la loi morale ne dépend pas de l'universalité, si vague d'ailleurs et si inutile qu'on peut prêter à cette loi en dehors de notre monde humain. Ce n'est pas davantage, parce que les idées pratiques,

---

(1) *Grundlegung...*, S. 76. Il est vrai qu'il reconnaît ailleurs à la loi ce caractère humain et connu par expérience de régner par la contrainte. *Critique,* tr. Barni, p. 177 ; *Principes métaph. de la morale,* tr. Tissot, p. 10.

(2) Les *Principes métaphysiques du droit et de la morale* manifestent en effet un retour à peine dissimulé aux idées soutenues dans les morales matérielles : les fins-devoirs du perfectionnement de soi-même et du bonheur d'autrui sont affirmées sans démonstration.

(3) Trendelenburg, op. cit. S. 176, 186, 188.

(4) *Fondement de la morale,* tr. Burdeau, p. 44.

(5) *Grundlegung...*, S. 29.

connues à posteriori, sont celles des plaisirs promis par les différentes matières de la loi: il n'est pas encore démontré, en effet, que la poursuite d'un plaisir soit incompatible avec la vertu. Mais si l'on entend par conception à priori, une conception primitive, émanée des seules forces de l'esprit, ou renfermant au moins un élément spontané, qui ne puisse être dérivé de représentations antérieures, l'idée du devoir possède un tel caractère; car, si elle n'était qu'une de nos autres idées pratiques raffinées, un désir transformé, relatif par conséquent, proportionné à l'état variable des sensibilités et des intelligences individuelles, elle perdrait la marque de l'universalité au moins virtuelle qui la distingue essentiellement; elle serait le résultat aristocratique d'une culture réservée à quelques-uns.

Mais lorsqu'on a reconnu ainsi au principe même de la moralité une origine supérieure à l'expérience, est-on obligé de retirer à l'expérience tout rôle dans l'élaboration de l'éthique? Zeller (1) dénie à Kant le droit de remplir la forme vide de l'Impératif catégorique en consultant les faits, et le pouvoir de le faire par le seul raisonnement. La déduction purement à priori des lois morales lui paraît ne fournir aucune règle applicable à des agents déterminés, et d'autre part tout emprunt fait à l'expérience, tout jugement porté sur les actes d'après leurs conséquences supprime la moralité pour ne laisser place qu'à la prudence. Mais il semble que les faits d'expérience dont l'étude est ici nécessaire, ne soient pas seulement, comme Zeller paraît le croire, les résultats de nos actions ; les mobiles qui les engendrent sont presque toujours naturels, c'est-à-dire empiriques. Or, la grande œuvre de la morale est précisément de substituer à ces mobiles un motif supérieur, qui peut-être produira des actes matériellement semblables, mais différents dans l'intention. La connaissance de la nature humaine paraît donc indispensable pour établir à la fois les postulats et les règles de la moralité. Notre condition d'hommes donne sans doute aux attributs moraux, nécessaires pour la pratique du devoir, et aux qualités morales acquises par cette pratique, un caractère particulier, identique dans tout notre monde, différent pour les autres sujets, s'il en existe, de la loi morale. Est-il possible de con-

(1) Op. cit., S. 24.

naître à priori la nature de l'homme, non pas en tant qu'être raisonnable et libre, mais en tant qu'être empirique et déterminé ? La déduction à priori, pure de toute considération expérimentale, ne rencontre-t-elle pas ici un obstacle insurmontable ?

Qu'on réfléchisse sur les conséquences singulières de l'hypothèse contraire, d'après laquelle la morale entière serait faite et le monde où elle doit régner connu à priori. Si le monde de l'expérience peut être déduit de la loi du devoir, a sa raison d'être analytiquement manifeste dans le devoir, il est déjà par lui-même un monde moral, et nous n'avons pas besoin de travailler à le transformer. Si le monde réel est au contraire distinct du monde idéal, notre liberté retrouve un emploi possible et légitime, mais à la condition d'être guidée par la connaissance expérimentale de l'univers qu'elle doit modifier. Si l'on dit enfin que le monde réel, la nature est morale en ce sens qu'elle comporte précisément 'existence et l'usage de notre liberté, qu'elle existe pour être le théâtre de nos efforts vers le bien, la même nécessité de considérations et d'études empiriques subsiste encore. Il faut que la nature nous paraisse immorale pour que nous songions à l'améliorer, et cette apparence s'évanouirait au cas où nous apercevrions le lien réel qui la rattacherait à l'Impératif catégorique; l'idée morale ne peut avoir engendré le monde que si elle ne s'y manifeste pas. Il faut de toute nécessité, que la nature (1) et la moralité aient l'aspect de deux termes radicalement hétérogènes, entre lesquels la raison ne peut établir aucun passage; qui ne peuvent absolument pas être connus l'un par l'autre. On ne songera pas sans doute à soutenir que nous pouvons connaître à priori cette nature humaine qu'il s'agit de transformer. L'usage de l'expérience sera donc indispensable pour comprendre ce que comporte notre caractère d'agents moraux, ce qu'il nous crée de priviléges et d'obligations.

Il suit de là une conséquence importante, et un moyen d'affermir par ses imperfections même l'autorité de la morale : lorsqu'on a prouvé que la science du devoir repose sur l'analyse de deux éléments, l'un immuable et évident, l'autre contingent et obscur,

(1) Du moins la nature primitive, antérieure logiquement à tout exercice de la vertu : voir le chapitre III.

on ne s'étonne plus d'y rencontrer des difficultés et des variations.
Les solutions qu'elle fournit ne peuvent avoir aucun caractère absolu et universel, du moins valable pour tous les êtres raisonnables en général : nous ne pouvons faire la morale que pour notre
monde humain, le seul qui tombe sous notre connaissance. Mais
véritablement n'est-ce pas assez, et que veut-on de plus? Nous ne
sommes chargés que de nous conduire nous-même, nullement de
chercher des lois pour les habitants de Saturne ou autres régions
supra-lunaires. Il se peut que la justice varie avec les planètes, que
l'Impératif moral rencontrant des obstacles différents engendre
des préceptes différents : que prescrit-il devant les obstacles humains, voilà tout ce que nous avons à examiner. Cette diversité
des codes n'a rien qui doive étonner, si l'on reste fidèle à la doctrine de l'intention : des actes même opposés matériellement
peuvent être moralement identiques, s'ils sont inspirés par une
même pensée d'obéissance à la loi. Il ne s'agit donc ici que d'étudier ce qu'est le devoir humain, à quelles conditions il est obligatoire, en quels préceptes particuliers il se décompose, conditions
et préceptes relatifs à notre petit monde.

Une telle étude participera donc de toutes les imperfections des
sciences humaines, fondées sur l'investigation des choses sensibles. Une géométrie morale est impossible, et l'obscurité qui
règne sur la nature couvre aussi de son ombre l'éthique elle-
même. Les progrès que nous faisons dans la science de l'homme
naturel peuvent en amener dans la science de l'homme moral.
Celle-ci est capable d'erreurs innocentes, qui ne sont jamais que
théoriques, la volonté d'agir en vue du devoir suffisant à nous
préserver de toute faute véritable. Nous pouvons varier dans la
recherche et l'énonciation de nos devoirs, sans jamais nous tromper réellement tant qu'une pensée vraiment morale nous inspire.
A mesure que la nature est mieux connue, de nouveaux devoirs
se révèlent par l'application du concept moral à des cas jusqu'alors ignorés : mais ce qui change en vérité, ce n'est pas le
devoir, c'est la connaissance que nous en avons, ou, pour mieux
dire, la forme pratique et humaine sous laquelle nous l'imaginons.

Ce n'est pas tout : il importe, avant de chercher à tracer les
vraies règles de la bonne conduite, de signaler encore une autre
cause des difficultés et des obscurités qu'on a souvent reprochées

à la morale formelle, et qui, pas plus que la précédente, n'en altère l'autorité. On applique d'ordinaire à la doctrine kantienne une méthode de critique moralement et logiquement vicieuse: moralement, parce que, si, comme nous avons cherché à le démontrer, elle seule conserve à l'homme la liberté et la responsabilité de ses actions, elle seule peut servir à le juger ; logiquement, parce que la seule manière efficace d'apprécier une théorie est de l'apprécier d'après ses prémisses propres, et non d'après des prémisses étrangères. Nos adversaires commencent par poser en principe que la morale doit avoir un certain cadre et fournir telles et telles solutions : puis ils font un grief aux disciples de Kant de ne remplir point le premier et de ne pas donner les autres. Schleiermacher (1), par exemple, accuse la morale formelle de ne pouvoir constituer qu'un eudémonisme politique, et de présupposer une activité naturelle qui soit la condition et comme la matière de l'activité morale ; Trendelenburg (2) n'admet pas que l'idée du devoir puisse être celle d'une fin poursuivie par contrainte, étrangère au bonheur, dont la possession affaiblit plutôt qu'elle n'exalte l'énergie humaine. On se plaint encore que cette doctrine conduise à condamner toutes les passions, à justifier le paradoxe stoïcien sur l'égalité des fautes: mais, outre qu'il y a lieu de se demander si toutes ces conséquences ont été bien rigoureusement déduites, de quel droit s'en servirait-on? Ne faudrait-il pas démontrer d'abord que la vraie morale et non une fantaisie individuelle les réprouve, et que cet idéal que l'on se forme de la nature humaine est réellement imaginé selon le pur devoir ? Il serait, croyons-nous, assez aisé de faire voir qu'il n'en est pas ainsi, et de dériver ces jugements moraux, ces habitudes d'appréciation de leur véritable source.

Sans doute le sens commun admet en théorie que les mobiles subjectifs des actes font seuls la valeur ou l'indignité de l'agent, mais il oublie souvent en pratique cette règle salutaire ; il estime la moralité des actes d'après leurs conséquences, et celles-ci par leur rapport à des objets arbitrairement gratifiés d'un prix absolu. Ainsi l'utilité publique est de nos jours un critérium fréquem-

(1) Op. cit. S. 100, 05.
(2) Op. cit., S. 191, 196.

ment employé ; la conformité de nos décisions aux ordres mystérieux d'un Jahveh est souvent aussi la cause du blâme ou de
l'éloge ; l'intérêt personnel, sous couleur de protéger les droits de
la société, intervient également, et communique à des décisions
arbitraires une telle autorité qu'on ne s'imagine pouvoir les expliquer qu'en leur prêtant la majestueuse origine de la conscience
morale. L'indignation que nous inspirent certains actes matériellement funestes (1) à la sécurité publique vient d'un secret retour
sur nous-mêmes, et d'un vif désir d'être protégés contre des
agressions qui, frappant aujourd'hui les autres, pourraient nous
surprendre demain : l'intérêt social se confond alors avec notre intérêt propre, et nous devient presque aussi sacré. Stuart Mill, dans
son Traité de l'utilitarianisme, a très finement expliqué comment dans
la morale empirique on réussit à rendre compte du sentiment de
la justice et de l'horreur qu'inspirent les violations du droit. Ce
sentiment lui « paraît être un désir animal de repousser ou de venger, en usant de représailles, un mal, ou tort fait à nous ou à ceux
avec lesquels nous sympathisons, désir qui s'adresse à tous les
hommes, agrandi qu'il est par cette capacité pour une sympathie
plus générale, et par cette conception toute humaine d'un égoïsme
intelligent. Le sentiment tire sa moralité de ces derniers éléments,
et des premiers le caractère saisissant et l'énergie à s'affirmer qui
lui sont particuliers (2). » Voilà les éléments très peu moraux pour
la plupart, ou du moins viciés par l'élément très peu moral de
l'égoïsme inconscient dont se compose le critérium qu'on applique à la morale formelle ; et, parce qu'elle est incapable de confir-
mer nos vues à priori ou de justifier nos désirs secrets, on la
condamne ; on la blâme de n'établir point entre les actes la même
hiérarchie qu'exigent notre orgueil, notre intérêt, ou même notre
sympathie ; on la trouve tantôt trop sévère, et tantôt trop relâchée ;
on voudrait la plier à ses besoins, se donner les satisfactions de
l'égoïsme, la sécurité de la vie et, par dessus le marché, celle de
la conscience.

Assurément ce sont là de fâcheuses dispositions pour étudier
les difficiles problèmes de la vie pratique. Il faut au contraire
tenter cette recherche sans arrière pensée, avec la ferme volonté

(1) *La Morale*, p. 558, 564.
(2) *On utilitarianism*, traduit dans la *Revue nationale*, 78ᵉ livr. p. 494.

de ne se laisser étonner par aucun des résultats contraires aux
exigences du sens commun, et où l'on pourrait arriver ; si l'on
est bien assuré que la morale formelle est la seule morale possible,
qu'ainsi elle doit juger toute les théories, et non être jugée par
elle, il ne faut pas avoir peur de la vérité qu'on va découvrir.
Plus que partout ailleurs, le doute universel prescrit par Descartes
au début de toute science, est ici nécessaire ; il est indispensable
au moraliste kantien de faire table rase de toutes ses habitudes
d'appréciation, des préjugés et des doctrines régnantes : en réalité,
le sacrifice n'est point si difficile depuis que les fines analyses de
l'école anglaise ont fait voir l'origine de ces affirmations multiples
d'une prétendue conscience morale. Il ne faut point sans doute
se faire gloire de s'écarter du sens commun ; il ne faut point trop
le redouter non plus, quand on sait tout ce que ce nom cache de
sophismes intéressés et de paresse spéculative. De plus, la rigueur
logique qui conduirait à en démentir les assertions est en même
temps ici une obligation morale : on ne peut consentir à des erreurs de raisonnement qu'en se résignant à des erreurs de conduite et consulter la sagesse vulgaire qu'en risquant de perdre la
sagesse vraie : c'est assez dire avec quel soin jaloux il faut demeurer fidèle aux principes de la morale formelle, résister à toute
rectification qui se produirait au nom d'une autre doctrine. On doit
s'attendre sans doute à commettre des fautes : mais elles ne doivent être redressées que selon la théorie de l'Impératif catégorique lui-même, et jamais selon les autres qui moralement n'existent pas.

CHAPITRE PREMIER

LES POSTULATS DE LA LOI MORALE

I. LA LIBERTÉ

Définition, caractères et résultats de l'acte libre. — Examen des objections faites à la doctrine du libre arbitre : 1º par la métaphysique;
2º par la mécanique; 3º par la psychologie ; 4º par la morale vulgaire.
Obscurités, difficultés et résultats de la croyance au déterminisme. — Les
utilitaires et les réalistes.

Le premier attribut que doivent posséder tous les êtres soumis
à la loi morale est assurément le pouvoir de lui obéir, pouvoir
dont le caractère peut varier selon la nature des différents êtres.
Etudier la forme, le nom, l'aspect humain de ce pouvoir sera
donc notre première tâche. Le nom en est aisé à dire : tous les
philosophes s'accordent à nommer liberté ou libre arbitre cette
faculté. Qu'est-ce précisément que le libre arbitre chez l'homme?
L'acte moral, avons-nous dit, c'est la résolution prise dans
l'intention d'obéir à la loi par le motif du devoir. Indiquer l'origine des motifs suivis naturellement par l'humanité, sans préoc-
cupation morale, nous permettra, par une méthode négative, de
découvrir l'origine et le caractère des motifs obligatoires. Nous
n'avons à étudier aucune autre cause de nos actes. A supposer
qu'il en existe une sous le nom de liberté d'indifférence, elle
aurait un rôle légitime selon les morales matérielles où l'acte
capricieux d'un fou, qui réalise le Souverain Bien sans s'en douter,
est supérieur à l'acte réfléchi d'un saint qui manque le but ; mais
selon le formalisme où l'intention est l'acte moral tout entier,
il ne peut être question d'opposer le motif du devoir à l'absence

de motif, mais seulement au motif naturel. Or, ce dernier est toujours l'espoir d'éprouver du plaisir, c'est-à-dire de satisfaire une inclination. D'où cette définition de la liberté donnée par Kant que la liberté dans le sens pratique est l'indépendance de la volonté par rapport à la contrainte des penchants (1). L'acte libre apparaît au milieu des résolutions naturelles comme un terme absolument hétérogène, et tandis que celles-ci s'expliquent les unes les autres, se relient nécessairement par l'intermédiaire des actes qu'elles ont engendrés, la décision morale n'a aucun antécédent dans le temps, aucune cause qu'elle-même. C'est ce qui a fait dire à Kant que la liberté est la faculté de commencer par soi-même un état dont la causalité ne rentre pas à son tour, suivant la loi naturelle, sous une cause qui la détermine dans le temps (2). L'acte libre ne naît pas ex nihilo, si l'on veut : car on peut imaginer sous le nom de volonté une puissance mystérieuse qui le produit, mais il naît surnaturellement (3). Il est une manifestation, une apparition de l'absolu dans le monde mécanique des phénomènes; il est supra humain. Pour parler avec Leibniz, c'est la fulguration en nous de la monade suprême, c'est l'éclair divin qui sillonne la nuit orageuse des passions (4). Descartes qualifiait la liberté d'infinie, et disait qu'elle ne se pouvait concevoir en Dieu plus étendue qu'en nous; il la considérait comme un mystère d'un ordre identique à celui de l'Incarnation et on pourrait dire, en philosophe, que c'est le même mystère.

(1) *Critique de la raison pure*, tr. Barni, t. II, p. 135.
(2) Ib. p. 135.
(3) Ce mot se rapporte à la définition que Kant donne de la nature : un ensemble de phénomènes se produisant dans l'espace et le temps conformément à des lois. Ib. t. I, p 189.
(4) Ubi spiritus Domini, ibi libertas. 2 Cor. 3. 7 « Elle est le lieu où le divin se transforme en une personnalité individuelle ». P. Janet, p. 521. Un spirituel romancier dont le témoignage est précisément utile pour ôter tout caractère de métaphysique ou d'étrangeté à cette définition, écrit : « L'homme qui vient d'imposer à sa volonté un coûteux sacrifice croit découvrir au fond de son être quelque chose qui le dépasse ; il y avait en lui un divin prisonnier dont il ne soupçonnait pas la présence, et tout à coup son prisonnier est devenu son maître ». Et ailleurs pour marquer cet attribut qui fait de l'acte moral une création: « Les bonnes actions sont vraiment des enfants trouvés : on ne leur connaît ni père ni mère ». V. Cherbuliez, *Le fiancé de Mademoiselle Saint-Maur*. Marivaux a aussi une distinction bien délicate sur l'orgueil qui est à nous, et la vertu qui est au-dessus de nous. Et pour revenir à la métaphysique, c'est la distinction même des deux Moi de Fichte, op. cit. S. 181.

L'acte libre porte, en effet, la marque distinctive des actes divins : c'est une création. Aucun raffinement du désir, aucune transformation des suggestions sensibles ne peut suppléer l'intention vraiment morale; celle-ci est absolument étrangère par son origine à notre nature empirique, ou elle n'est pas. Mais, à la vérité, elle crée quelque chose dans cette nature ; elle refoule d'abord et annihile toute une série de sentiments et d'impulsions pratiques, et par l'acte physique qu'elle engendre, elle laisse une trace d'elle-même. C'est une création limitée, parce qu'au lieu de produire la nature même, elle s'exerce au sein d'une nature : mais c'est une création. Son œuvre n'est pas purement momentanée, parce qu'elle se manifeste au moyen d'un organisme physique et psychologique qui retiennent quelque chose des déterminations qui leur sont imprimées; elle n'est pas indestructible, parce que précisément cet organisme retombe sous le joug des instincts physiques et des inclinations acquises. Il y a là sans doute un fait inexplicable; comment renaissent les suggestions sensibles détruites, comment se raccordent les deux tronçons, pour ainsi dire, de notre vie naturelle, brisée par l'intercalation de la résolution surnaturelle, comment la création qui annihile à un moment n'annihile-t-elle pas pour toujours? Les actes libres sont épars au milieu de notre vie et ne réussissent que par une répétition fréquente à substituer une nature morale à la nature instinctive ; le mécanisme des phénomènes, un moment interrompu, tend toujours à se renouer, pour ainsi dire, par dessous la décision morale. Ce fait constitue à la fois la limite et le mystère de la liberté humaine : mais il n'est pas sans analogue dans les faits purement naturels. Il n'est pas plus facile, par exemple, d'expliquer comment les pensées s'effacent et tombent dans l'oubli que de dire comment l'acte moral créateur perd peu à peu son énergie et ne maintient pas toujours l'activité physique dans la même direction ; les anciennes idées remontent à la surface de la conscience ; les anciens désirs, refoulés plutôt qu'anéantis, recommencent à aiguillonner l'âme, renaissent et se continuent en dépit des brisements produits par le libre arbitre. La vie naturelle, comme le train ordinaire de nos représentations, reprend son cours interrompu par une pensée ou une résolution spontanément apparue : on est bien forcé de constater le fait sans le comprendre, lorsqu'il s'agit de l'oubli; pourquoi ne pas se résigner à la même ignorance, quand il s'agit de la liberté?

Mais il y a bien d'autres objections contre la doctrine du libre arbitre, émises soit par la métaphysique, soit par les diverses sciences positives, physique, psychologie ou même morale. Peut-être un examen attentif permettrait-il d'en atténuer la valeur, et, pour ainsi dire, de faire à la nature sa part dans l'acte surnaturel de la décision morale.

La métaphysique, parlant d'ordinaire par la bouche de savants qui ne songent pas de quelle intruse ils se font les interprètres, élève d'abord une objection de droit. La liberté n'est pas admissible, parce qu'elle n'est pas compatible avec la science ; elle viole le principe de la persistance de la force qui règne aussi bien dans le monde moral que dans le monde physique ; elle suppose des désirs qui s'évanouissent sans produire leur effet, et qui renaissent après le passage de la volonté morale ; elle détruit l'intelligibilité de l'univers. Une force, celle de la sensibilité, est détruite ; une force, celle de la liberté, est créée, destruction et création également absurdes, et par suite inacceptables.

On sait comment Kant a essayé de résoudre la difficulté, et de maintenir avec la liberté le déterminisme universel des phénomènes. Sa doctrine sur l'idéalité du temps permet de satisfaire à la fois les exigences de l'entendement et celles de la foi morale : et les critiques élevées contre la doctrine de la liberté transcendantale viennent généralement de ce qu'on oublie l'idéalité du temps qui, en ayant pour but non de la rendre aisément concevable, mais seulement de la concilier avec les droits de la science, la met au-dessus des objections logiques. Si l'on se résout à cette hypothèse, toute difficulté métaphysique s'évanouit: mais si l'on veut tenir un compte plus exact des faits et ne pas les ramener tous à des manifestations de la sensibilité naturelle, ou à des sensations de lassitude presque physique, si l'on croit que l'examen de conscience qui précède l'acte est autre chose qu'un conflit réglé d'avance de sentiments grossiers ou délicats, que le remords qui le suit est autre chose que le chagrin de sentir en soi une sorte de laideur morale aussi inévitable que la laideur physique, si on reconnaît à l'effort volontaire moral le caractère réel qu'on a dénié en psychologie à l'effort volontaire moteur, il n'est pas possible d'admettre l'enchaînement inexorable des actions humaines, et l'on est amené à reconnaître une intervention de la liberté, de l'être lui-même dans la série de ses phénomènes.

Il ne faut pas se le dissimuler, cette intervention est absurde. Par elle quelque chose qui existait cesse d'être, quelque chose qui n'existait pas, ni réellement ni virtuellement ,arrive à l'existence ; car on ne peut pas même dire que la décision libre existe en puissance dans la volonté, et que celle-ci ne fait, dans ses différentes manifestations, que développer et épuiser une énergie limitée. Il faut concevoir cette énergie comme inépuisable sous peine d'identifier la liberté ou force morale à une force naturelle, capable d'un nombre d'effets fini, ce qui restreindrait d'avance notre vertu à un champ déterminé d'actions et notre responsabilité à une ou plusieurs périodes de notre vie, hors desquelles nous serions fatalement, non plus saints ou coupables, mais utiles ou nuisibles. La moralité, en effet, pour si peu qu'elle dépende d'une force limitée comme sont les inclinations, cesse d'être universelle et à tous les instants en notre pouvoir. Car, ou bien cette force agit toujours, et tous nos actes sont moraux, ce qui est inadmissible, ou bien elle n'agit que par intervalles et d'une façon intermittente. Mais si elle agit par elle-même, et sans notre intervention, la vertu est un don qu'elle nous fait et dont nous ne sommes pas les auteurs; et s'il nous est toujours loisible de l'évoquer, c'est la capacité de l'évoquer même qui constitue le libre arbitre, et dont nous devons tous et toujours pouvoir user. La liberté donc, puissance créatrice, semblable à la coupe dont parle Plotin, qui débordait toujours sans se vider jamais, est un mystère inintelligible.

Mais à ceux qui font si grand bruit de ce mystère, il faut demander quand il a été prouvé que le mystère et l'absurde n'ont pas leur place dans le monde : c'est l'affirmation gratuite de la métaphysique idéaliste, la plus téméraire de toutes, d'imaginer une immuable harmonie entre l'être et la logique, et de croire la chose en soi faite pour satisfaire nos besoins intellectuels. Sans entrer dans le débat critique de l'objectivité de nos connaissances, il suffit de rappeler que le principe de la persistance de la force qui est la traduction physique et concrète de la loi de contradiction, n'a reçu aucune démonstration : lorsqu'on prend pour une preuve les expériences destinées à le vérifier dans le monde sensible, on oublie, comme l'a fort bien montré Spencer, que ces expériences présupposent l'admission du principe lui-même et n'ont de valeur que celle qu'il leur prête. A plus forte raison, appliqué aux phénomènes psychologiques, cet axiome prétendu n'est-il qu'une pure hypothèse : écartez toute théorie morale, la suite des représentations spéculatives ou pratiques est-elle plus aisée à expliquer? On dit qu'elles rendent compte les unes des autres, s'appellent et se succèdent nécessairement, qu'il n'y a rien de plus dans celles qui suivent que dans celles qui précèdent : comment concilier l'assertion d'une nécessité logique gouvernant les actes intellectuels, avec le fait vulgaire de la différence des esprits qui tous enchaînent leurs idées de manière si diverse, ici en forme de banalités niaises, là en forme de constructions scientifiques ou littéraires? Nous disions que la disparition d'une pensée, l'oubli, était un véritable mystère : mais en vérité la succession des pensées avec leurs différences qualitatives extraordinaires, n'est pas moins surprenantes. « Le miracle de la nature, écrit M. Lachelier, en nous comme hors de nous, c'est l'invention ou la production des idées, et cette production est libre, dans le sens le plus rigoureux du mot, puisque chaque idée est, en elle-même, absolument indépendante de celle qui la précède, et naît de rien, comme un monde (1). » Si les représentations même naturelles n'ont ainsi entre elles qu'un rapport contingent, quel miracle plus obscur y a-t-il à admettre que l'intention morale fasse au milieu des suggestions sensibles une apparition inexplicable : la succession ordinaire des pensées impliquait bien l'anéantissement au moins fréquent des premières, et la création au moins partielle des suivantes. La croyance à la liberté n'exige rien davantage, et se trouve ainsi justifiée par la nature elle-même.

A la métaphysique déterministe donc qui ne démontre point ses prémisses, on peut toujours opposer la métaphysique de la liberté. Mais celle-ci n'est pas au bout de ses difficultés : on lui accordera que le libre arbitre est possible : mais les sciences se réuniront pour montrer qu'il reste, comme dit Leibniz, dans le pays des

(1) *Du fondement de l'induction*, p. 100. Le Dr Netter, (*Revue philosophique*, no 60 p. 600) reconnaît aussi, à propos des découvertes du génie, des intuitions de l'esprit qui se produisent ex-abrupto sans cause assignable, réservées aux intelligences prédisposées qui aperçoivent dans une idée ce que toutes les autres négligent, preuve frappante de la succession contingente des pensées.

possibles, et que le monde, en réalité, appartient, depuis qu'il existe, à la nécessité.

La science de la nature physique, la mécanique, puisque son but avoué est de suppléer toutes les autres, présente la première des objections embarrassantes. Même après qu'on a restreint le principe de la persistance de la force à sa véritable valeur, en dévoilant le postulat métaphysique qui lui sert de base, elle peut encore, au nom de l'expérience, s'en faire une arme contre le libre arbitre. Il n'est pas rigoureusement démontré, en droit, que la quantité de force motrice existant dans l'univers soit absolument invariable : mais, en fait, tout se passe comme s'il en était ainsi, et tout prouve par suite que le libre arbitre, dont on ne conteste pas la force et l'avènement possible, n'est point encore passé de la puissance à l'acte. Et si la vertu n'est pas encore née, quelle chance y a-t-il qu'elle naisse ? quelle raison de la supposer jamais comme la cause réelle de prétendus dévouements, semblables à ceux du passé qu'on explique sans elle ? Voici en effet la difficulté mécanique à laquelle se heurte la théorie de la volonté. L'intention morale est sans doute tout ce qu'exige la loi : mais l'intention dans la pratique détermine la résolution, et celle-ci l'acte physique. Une action matériellement identique peut à la vérité changer complètement de caractère, suivant l'intention qui l'inspire : mais la plupart du temps, l'intervention de la volonté ne se borne pas à changer la signification d'une action que les tendances naturelles auraient été capables de produire fatalement. Bien qu'on reproche à l'intention morale, prise comme l'essence du devoir, de pouvoir justifier tous les crimes, de prêter son excuse à toutes les fautes, il est empiriquement vrai que la pensée de la loi nous détermine souvent non seulement à vouloir une chose par un autre motif qu'un motif sensible, mais encore à vouloir autre chose que ce que le motif sensible suggère de chercher. A la place des mouvements physiques qu'eût engendré le désir qui n'est lui même que la face subjective du travail physiologique, la résolution morale met des mouvements sans rapport avec ce travail. Elle crée donc du mouvement : or, à supposer qu'une telle création soit possible, du moins ne s'est-elle jamais vue ; il faut bien avouer que notre volonté pure n'a jamais été pour nous un moyen de locomotion suffisant ; d'où cette conclusion qu'elle ne se manifeste pas, et que les actes physiques, les mouvements sont tous sous la domination du déterminisme naturel.

On a tenté récemment de combattre ces affirmations de la mécanique par la mécanique elle même : M. Boussinesq, appuyé de l'autorité philosophique de M. Janet, a cru pouvoir assurer que le déterminisme physique est moins absolu qu'on ne le prétend, et que, sinon la production, du moins la direction du mouvement était parfois laissée au hasard dans la nature et pouvait ainsi tomber sous le pouvoir du libre arbitre. Sans entrer dans un débat trop épineux, il semble qu'on puisse admettre une direction surnaturelle et libre du mouvement qui, respectant les droits de la science, n'ajouterait rien à la quantité disponible de l'énergie motrice elle-même. Sans doute, une force naturelle ne peut modifier la direction d'un mouvement qu'en produisant elle même du mouvement ; et si la liberté était une force naturelle, elle devrait créer de l'énergie nerveuse capable de changer le cours naturel des actions physiques. Mais on oublie qu'elle est en dehors de la science, qu'elle agit surnaturellement : tout ce que réclame celle-ci, c'est que la force nerveuse ne puisse être produite de rien, ne puisse être augmentée en quantité que par des causes physiologiques : mais elle est, semble-t-il, indifférente à l'usage éventuel de cette force nerveuse, qui peut être aussi bien le substratum mécanique d'une volonté morale que d'un désir naturel. L'énergie physique est comme emmagasinée à la disposition de la sensibilité ou de la liberté ; ni l'une ni l'autre n'y peuvent rien ajouter, et quand elle fait défaut, pousser jusqu'au bout l'exécution des actes physiques. Mais cette addition ou création d'énergie n'est pas nécessaire dans la thèse que nous soutenons ; l'exécution que réclame la loi du devoir n'est pas matérielle, mais morale ; si l'effort physiologique, qui dépend de l'état des organes, est rendu impossible par leur épuisement, la loi se contente de l'effort psychique (1) qui, par essence, est toujours renouvelable. Que nos forces trahissent ou non notre volonté, nous sommes quittes envers la loi morale : si l'acte voulu comme obligatoire

(1) Sur cette distinction des deux efforts, on peut lire des pages fort ingénieuses de M. Gérard dans sa thèse sur Maine de Biran.

exige une dépense d'énergie nerveuse au dessus de nos ressources, et qui n'aurait pas été nécessaire pour l'acte naturel, comme
nous ne pouvons pas créer de la force mécanique, nous nous
bornerons à un commencement d'exécution ; et notre obéissance
n'en sera pas moins valable et méritoire. La liberté n'empiète
donc pas sur le domaine légitime de la science ; elle ne dément
pas les faits constatés jusqu'à présent ; elle suppose seulement
que l'univers des âmes n'est pas soumis aux mêmes lois que l'univers des corps, et si elle ne peut démontrer son affirmation, qui
donc oserait soutenir l'évidence de l'affirmation contraire ?

Les adversaires de la liberté ne prétendent pas que cette identité de gouvernement des deux univers soit évidente : mais ils en-
treprennent de la démontrer séparément pour l'univers moral, et
les objections de la psychologie succèdent à celles de la mécanique. Si l'on admet l'hypothèse d'une liberté créatrice, la connaissance stable et la prévision des phénomènes psychologiques sont
impossibles ; or, une infinité de faits prouvent que cette connaissance est réelle en une certaine mesure, que le hasard même apparent ne décide pas des actions humaines, et que le caractère d'un
individu, ou d'un peuple, nom générique qui résume toutes les
causes naturelles de ses actions, ne se forme pas arbitrairement,
mais au contraire suivant des lois. La liberté morale, en interrompant
brusquement le cours ordinaire de nos résolutions pour mettre à
leur place une décision qui échappe à toute prévision, agit à la
façon d'une liberté d'indifférence : mais il a été surabondamment
prouvé que l'hypothèse d'une liberté d'indifférence est chimérique :
devant les faits, celle de la liberté morale ne se soutient pas davantage. A cela on peut répondre qu'il y a peut-être quelque illusion à
croire que tout puisse être objet de science dans les actions humaines, en second lieu que le déterminisme partiel des phénomènes
qui légitime l'existence de la psychologie n'est pas incompatible
avec la réalité du libre arbitre.

Admettons, en effet, que celle-ci soit une chimère, et que le
caractère naturel de l'homme cause seul toutes ses actions. La
psychologie en est-elle beaucoup plus avancée ? Elle oublie
d'abord, en le supposant, que parmi les motifs naturels, il en est
un dont l'essence singulière, indiquée par Descartes, Leibniz et

Kant (1), et mise en pleine lumière par M. Alfred Fouillée, est de
produire les mêmes effets qu'un motif surnaturel ou arbitraire :
c'est l'idée de la liberté qui, mécaniquement et nécessairement,
produit des actes extérieurement spontanés, libres, inexplicables
à la science. Le caprice est-il plus facile à prévoir que la vertu,
on en peut douter. Devinera-t-on mieux l'action des inclinations
plus stables, mais qui parfois, après de longs sommeils, se réveil-
lent comme par l'effet d'un atavisme psychologique et nous entraînent à des actions en désaccord avec notre vie précédente.
« Comment peut-on répondre de ce qu'on voudra à l'avenir, écrit
la Rochefoucauld, puisque l'on ne sait pas précisément ce que l'on
veut dans le temps présent ». La science psychologique espère-
t-elle sur ce point surpasser la conscience, démêler les secrets
ressorts de nos actes, porter la clarté dans ce monde souterrain
où s'élaborent les désirs. Elle marquera la part du milieu, de l'éducation dans la formation du caractère. Quelque chose lui échappera toujours : ce que la Scolastique appelait le principe de l'indi-
viduation, la collection mystérieuse d'attributs, qu'on nomme d'un
terme médical, l'idiosyncrasie morale, et qui distingue les hommes les uns des autres. Admettons qu'il existe un lien nécessaire
entre notre individualité et le reste de l'univers ; n'est-ce point
trop augurer de la science que d'imaginer qu'elle saisira jamais
ce lien, qu'elle pourra ôter à nos actions la qualité de l'imprévu et
l'apparence de la spontanéité pour les déduire mathématiquement
des axiomes régulateurs du monde ?

Il faut reconnaître toutefois que si la psychologie n'atteint pas
les causes et l'embryon primitif de notre caractère, elle réussit
souvent à en prévoir les manifestations. Il est impossible de nier
qu'une vie humaine n'offre l'apparence d'un tout assez bien lié,
entre les parties duquel on démêle sans trop de peine une con-
nexion, une « solidarité » réelle, un vrai déterminisme. Mais la
théorie du libre arbitre ne peut-elle faire au déterminisme et à la

_____

(1) « Il nous est toujours libre de nous empêcher de poursuivre un bien
connu pourvu que nous pensions que c'est un bien de témoigner par là
la liberté de notre franc arbitre ». *Lettre à Mersenne*, CXII du tome I.
Cf. *Essais de Théodicée*, § 315.

   « Tout être qui ne peut agir autrement que sous la condition de l'idée
de la liberté est par là même au point de vue pratique réellement libre ».
Fondement de la Métaphysique des mœurs, tr. Barni, p. 101.

science leur part ? les actes volontaires ne sont-ils pas comme les autres objets de prévision empirique par les traces qu'ils laissent d'eux-mêmes ? « Le libre arbitre, écrit Quételet, bien loin de porter obstacle à la production régulière des phénomènes sociaux, la favorise au contraire. Un peuple qui ne serait formé que de sages offrirait annuellement le retour le plus constant des mêmes faits. Ceci peut expliquer ce qui semblerait d'abord un paradoxe, c'est-à-dire que les phénomènes sociaux influencés par le libre arbitre de l'homme procèdent, d'année en année, avec plus de régularité que les phénomènes purement influencés par des causes matérielles et fortuites » (1). C'est qu'en effet si la liberté qui se manifeste toujours par un acte absolu, invariable, n'est pas en elle-même capable d'habitudes, si elle est à sa première apparition chez un homme ce qu'elle est, a été, sera toujours chez tous les autres, la nature au sein de laquelle elle s'exerce, n'est pas seulement troublée, mais modifiée par elle. La liberté humaine ne peut créer la nature tout entière, mais dans la nature innée, elle peut par la fréquente répétition des actes obligatoires, mettre une seconde nature formée d'habitudes vertueuses et qui garde la marque de son origine morale. Il se fait ici une constante application du mot de Bacon : natura non vincitur nisi parendo. La liberté se sert du déterminisme pour affaiblir le déterminisme lui-même. A la place des inclinations mauvaises qu'elle combat et cherche à déraciner, elle substitue, suivant la loi de Malebranche que les actes produisent les habitudes et les habitudes les actes, des inclinations, des tendances meilleures, et celles-ci qui se sont formées et qui agissent conformément au déterminisme naturel autorisent la prévision empirique, la seule qu'on puisse raisonnablement espérer. Ainsi se concilient l'affirmation morale du libre arbitre, absolu, invariable, identique chez tous, et l'évidence manifeste des différences et des défaillances des caractères. Il en est de la liberté comme de la faculté de raisonner : elles ne s'acquièrent pas, elles ne se perfectionnent pas par l'exercice. L'enfant n'apprend pas plus, quoi qu'en dise M. Lemoine (2), à agir librement qu'à raisonner : mais de même que des associations contingentes d'idées peu à peu plus

(1) *Système social*, p. 90, cité par M. Joly dans l'*Instinct.*
(2) *Le libre arbitre et la loi civile*, p. 460, 477, 185, *Revue Européenne* 57e numéro. Cf. P. Janet, op. cit. p. 477.

serrées offrent l'apparence d'un raisonnement nécessaire, l'acquisition graduelle d'habitudes matériellement, puis moralement
bonnes fait croire à un perfectionnement progressif du libre arbitre. Celui-ci ne grandit pas, c'est la violence des passions qui diminue : ce sont elles qui, par leurs alternatives de force ou de faiblesse, fournissent l'illusion d'une volonté tantôt ferme, et tantôt
défaillante. L'inégalité, la variabilité du libre arbitre n'existent
pas : mais les obstacles qu'il doit surmonter, la nature qu'il doit
soumettre varient selon les individus, et dans le même individu,
selon les temps.

Ajoutons enfin que les décisions libres ne sont pas assez fré-
quentes pour pouvoir déconcerter les prévisions de la science :
d'une part, notre vie est bien vite restreinte à un retour périodi-
que des mêmes actes, encadrée, pour ainsi dire, dans un cercle
très étroit d'habitudes faciles à connaître, et que notre liberté n'a
pas lieu de bouleverser à toute minute; de l'autre les hommes ne
sont pas tellement vertueux qu'ils introduisent bien souvent dans
leur existence le facteur anti-scientifique du dévouement.

La psychologie n'oppose donc à la doctrine de la liberté que
des objections insuffisantes : à plus forte raison en est-il de même
de celles qu'élève la morale vulgaire, et que nous serions même
en droit d'écarter sans examen, s'il était admis que la morale
formelle est la seule morale possible.

La première, dont nous ajournons l'étude, consiste à dire que
si la liberté est un pouvoir invariable, tous les actes qu'elle
produit sont également bons, tous ceux qu'elle ne produit pas
également mauvais. « Si l'homme, écrit M. Lemoine, quand il est
libre, l'est toujours également parce qu'il le serait absolument,
il y a peut-être des degrés à établir dans l'importance des résultats matériels de son acte, il n'y en a point dans leur valeur
morale »(1). Nous croyons que la morale peut accepter l'objection
et nous nous réservons de montrer plus tard que la théorie se
concilie ici encore avec les exigences du sens commun.

La seconde critique faite à Kant est qu'il identifie la liberté avec
le déterminisme rationnel, et lui ôte son caractère propre d'être la
puissance des contraires. Il est hors de doute, en effet, selon

(1) Ib. p. 477.

Kant (1), que l'acte libre et l'acte moral sont identiques, et Fichte admet comme lui, ainsi que le doit admettre tout moraliste de cette école, l'équivalence absolue des deux idées de liberté et de devoir. « La liberté ne dérive pas de la loi, écrit-il, pas plus que la loi de la liberté. Ce ne sont pas deux concepts dont l'un serait conçu comme dépendant de l'autre, c'est un seul et même concept; c'est une synthèse parfaite, suivant la loi d'action réciproque » (2). M. Janet croit apercevoir là une confusion ; il y a pour lui deux sortes de liberté : une liberté objective qui est l'idéal où doit tendre la volonté humaine, véritable spontanéité rationnelle, mais qui ne serait pas en notre pouvoir ; et une liberté subjective, qui est la faculté d'agir selon la raison, et de devenir ainsi objective-ment libre (3) ; il pourrait même citer à l'appui de son opinion certains textes de Kant et de Fichte (4) dont la pensée paraît osciller sur ce point. Mais, d'autre part, le même auteur reconnaît ailleurs « qu'au fond ces deux sortes de liberté n'en sont qu'une : car ce n'est qu'en étant déjà raisonnable que je me sens capable de le devenir davantage ; c'est parce que je suis déjà libre que je puis faire des efforts pour l'être plus encore » (5). Il est, en effet, inutile de supposer pour l'explication des actes humains une volonté morale, une volonté vicieuse et une volonté intermédiaire qui serait le moyen de vouloir l'une ou l'autre : celle-ci ne serait que la liberté d'indifférence, déguisée par un nom nouveau. Quand je me détermine, ou je cède à mes penchants, ou je cède à l'idée du devoir : dans le premier cas, j'obéis, en effet, fatalement à ma nature, mais la foi morale consiste précisément à admettre que je pouvais me soustraire à cette fatalité en faisant triompher la pen-sée de la loi; dans le second cas, j'agis surnaturellement et moralement ; la répétition de ces actes libres peut diminuer les ré-sistances naturelles de la passion et créer ainsi l'illusion d'une liberté acquise supérieure à la liberté spontanée, mais en eux-

(1) *Grundlegung*... S. 75. *Kritik*... S. 33, 113.
(2) Op. cit. S. 58.
(3) *La Morale*, passim, surtout, p. 53, 100, 500.
(4) « La vertu considérée dans toute sa perfection est donc représentée non comme si l'homme la possédait, mais comme possédant l'homme ». *Doc-trine de la vertu*, p. 56. « La faculté morale exige la liberté en vue de la liberté.... Je dois agir librement pour devenir libre.» *Syst. der Sittenlehre*, S. 108.
(5) Op. cit. p. 470.

mêmes ces actes sont toujours parfaits et absolus, par là même toujours identiques et incapables de progrès (1). Ils sont leur propre but ; or, je dois croire que ces résolutions morales sont mon œuvre propre et qu'elles ne sont pas mises en moi du dehors par une puissance étrangère, mais qu'elles sont toujours à ma disposition pour refouler la nature.

C'est là, comme le dit Fichte, le premier et le seul article de la foi morale ; il est mystérieux sans doute et inconcevable. Nous l'avons dit, nous ne craignons pas de le redire, et d'ajouter une obscurité de plus à toutes celles qui nous environnent. C'est qu'au prix de cette obscurité est la dignité de la vie et la ruine du pessimisme (2) ; de ces ténèbres seulement peut jaillir la clarté qui illumine et rend supportable notre destinée. On ne nous accusera pas, en effet, de répéter contre le déterminisme les déclamations banales qui le dénoncent comme un danger social ; tout l'ordre des Etats civilisés paraît, au contraire, fondé sur lui et peut-être même explique-t-il toute l'histoire de l'humanité et des individus. Mais c'est là la plus triste conviction où puisse arriver un être vivant, et qui a tout de suite pour conséquence l'inertie et la torpeur. Pareille au poison d'Amérique dont la moindre goutte introduite dans le sang enlève successivement à l'homme la direction de ses organes, d'abord la voix et la parole, puis les mouvements des membres et de la face, enfin l'expression des yeux et, en suspendant les mouvements respiratoires, finit par atteindre le cœur qui, pour ne plus faire circuler dans les artères un sang privé d'oxygène, arrête sa tâche inutile, la foi au déterminisme s'infiltrant dans une âme paralyse lentement en elle les désirs, les volontés, les espérances, l'aspiration vers un idéal chimérique et un bien dérisoire, et, lui arrachant l'illusion de sa puissance qui la faisait vivre, atteint jusqu'au cœur même : il se lasse de souhaiter une destinée meilleure soumise au seul

---

(1) Non pertinet ad definitionem liberi arbitrii posse peccare, nec libertas, nec pars libertatis est potentia peccandi. Saint-Anselme, *de lib. arbitrio*, ch. 1.

(2) On nous permettra de faire remarquer que, sur un ton plus littéraire, nous n'exprimons ici qu'une vérité de sens commun, un axiome de père de famille, à savoir, que le bonheur ne se trouve que dans le devoir; c'est aussi l'avis d'un moraliste peu suspect de mélancolie romantique, M. Ludovic Halévy : l'*Abbé Constantin*, p. 38.

coup de dés de la naissance, il cesse de battre pour des biens intellectuels ou sensibles dont l'amour fragile vient et disparaît au souffle du hasard ; ainsi, comme le curare mure peu à peu l'énergie musculaire dans un cadavre vivant, la croyance au fatalisme emprisonne l'âme dans un caractère et des inclinations qu'il lui faudra subir jusqu'au bout, condamnée à la monotonie des mêmes plaisirs et des mêmes tristesses, assurée de n'avoir pas non-seulement le lendemain de son existence, mais la minute suivante d'un dessein ou d'un amour qu'elle ne peut jamais créer, attendant à chaque instant, sous la menace de l'atavisme ou du plan cosmique inconnu, l'invasion d'une pensée et d'une passion fatale et invincible, le vertige mental qu'elle sent en marche sans pouvoir l'arrêter, l'idée folle qui peut la précipiter, vertueuse encore par le désir, au crime et au déshonneur ! L'Indien, frappé de la flèche empoisonnée, se résigne et se couche pour mourir ; l'âme, instruite de la nécessité qui la gouverne, victime de passions qui sont elle sans être à elle, expropriée d'elle-même, sans espoir de jamais s'affranchir de la douleur par le soulagement volontaire porté aux douleurs d'autrui, ou de sauvegarder ses joies en les puisant à la source incorruptible du devoir, qu'a-t-elle à faire que de dire adieu aux félicités de ce monde, inaccessibles ou flétries d'avance, et d'attendre, comme une délivrance, après la perte de sa liberté, celle de la conscience qui lui réflète le jeu immuable de ses rouages ?

Le déterminisme ruine ainsi le désir d'un bonheur dont nous ne pourrons jamais être les artisans : mais toute doctrine de grâce philosophique ou religieuse détruit aussi la moralité. L'essence de telles croyances, en effet, est de considérer la faculté de bien faire comme un privilége réparti à quelques élus qui n'ont qu'à se laisser vivre pour être moraux, comme les réprouvés n'ont qu'à vouloir pour être coupables. On nous accusera peut-être de faire ici une critique qui se retourne contre nous, et de ne pas apercevoir que la liberté morale est précisément le don fatalement distribué qui constitue le privilége de quelques uns. Mais les partisans de l'utilitarisme évolutionniste, avec lesquels nous ne disputons point puisque entre leur spécieuse explication et la nôtre on ne peut se décider que par un acte de foi, auraient seuls droit de tenir ce langage : les défenseurs de la morale matérielle ne le

peuvent pas. Pour eux, en effet, comme pour nous, la croyance
au devoir est universelle, et bien qu'au prix d'une contradiction
ils reconnaissent le caractère moral à la volonté d'agir par respect
pour la loi; la recherche du Souverain Bien qui seul rend raison
au devoir, doit être, à leurs yeux, précédée et inspirée par une
pensée d'obéissance au devoir, tel que nous l'entendons, pensée
dont tous les hommes doivent commencer par être capables avant
même d'essayer de conformer leurs actes à l'idéal rationnel.
Ainsi ils croient, comme nous, avoir besoin d'une liberté morale
universellement accordée aux hommes : mais un privilége uni-
vel cessant d'être un privilége, ils ne peuvent accuser la théorie
kantienne de répartir à quelques uns le libre arbitre comme nous
les accusons, au nom des faits, de répartir la science du Souverain Bien. S'ils accordent, au contraire, que l'idée du devoir n'ap-
parait qu'à une minorité très éclairée, ou, comme le disent les
utilitaires, à une majorité insuffisamment éclairée, ils l'érigent
bien, contre nous, en une croyance réservée à des élus : mais
outre ce premier privilége qui, du moins aux yeux des kantiens,
suffirait à leur assurer une vertu qui d'ailleurs trouve sa récompense en elle même et ne fonde aucun droit social à leur profit,
les élus devront jouir d'un second privilége, la science du bien
suprême sans laquelle les actes libres n'ont qu'une valeur imparfaite, et la liberté n'est qu'une grâce suffisante qui ne suffit pas.
Or, en fait, combien de personnes parmi celles qui croient à la
réalité du devoir, sont-elles d'accord quand il s'agit d'en déterminer le contenu, et combien rares par conséquent seront les élus
du second degré, ceux qui ont à la fois la puissance de vouloir le
bien et les lumières requises pour l'apercevoir? On peut bien avec
M. Janet distinguer deux sortes de liberté : la liberté objective,
identique au déterminisme rationnel, qui résulte de la fascination qu'exerce sur nous la vue de la perfection idéale; et une
liberté subjective qui est la faculté de vouloir par respect pour le
devoir; mais si l'on veut mettre la vertu à la portée de toutes les
bonnes volontés, il faut reconnaître que la liberté subjective a
seule le caractère moral, et que la première, qui au fond est une
nécessité d'attrait, est un bien sans doute si elle existe, mais d'un
ordre tout différent.

Toutefois ce qu'il faut dire avec plus d'insistance encore, en égard aux idées régnantes, c'est que la science positive ne se concilie pas moins difficilement avec la croyance à la grâce qu'avec la croyance au libre arbitre. Cette croyance, en effet, ne respecte pas plus que la nôtre les exigences de la mécanique, moins encore: car l'exécution matérielle, étant ici nécessaire pour que l'acte ait une valeur, doit être accomplie, nonobstant les lois naturelles qui rendent impossible une création d'énergie nerveuse. Si, pour satisfaire aux postulats de la métaphysique idéaliste, le réalisme admet que la force morale existe comme toutes les autres en quantité permanente dans l'univers, s'il comprime par là l'élan vers une vertu qu'on est toujours fondé à croire impossible, parce que le capital de moralité mis pour chaque période à la disposition des hommes est peut-être déjà épuisé, la grâce se paralyse elle-même par la réflexion. Enfin la psychologie ne rendra pas par cette hypothèse un compte plus clair des actes humains : la répartition fatale des dons moraux est un mystère aussi bien que leur création par la volonté. L'inconnu apparaît dans les deux doctrines comme la cause dernière de nos résolutions : mais dans l'une il a toute l'horreur de la prédestination, dans l'autre l'aspect viril et au fond bienfaisant du libre sacrifice.

II. — LE DROIT

Explication de l'idée du Droit. Comment on a été amené à la concevoir par la vue des obstacles physiques que rencontre la liberté morale. — Devoir de l'homme à l'égard des obstacles inanimés ou animaux. Devoir de l'homme à l'égard des obstacles humains. Nécessité d'une limitation réciproque des libertés morales : cette limitation s'établit par un contrat.

Du rôle de la justice humaine par rapport à ce contrat. Ce qu'il y a d'immoral dans cette justice, et par où cependant elle est justifiée. Le devoir est absolu, le droit est relatif.

Comment Fichte a cherché à rendre le droit absolu. Examen et réfutation de sa doctrine. Comment et jusqu'où l'idée d'un règne des fins peut servir à fonder le droit.

Le droit dans les autres théories morales. Ce qu'il devient 1° dans le déterminisme 2° dans les doctrines réalistes. Ces doctrines sont encore plus impuissantes à le légitimer que n'est la morale formelle.

L'indépendance à l'égard des inclinations naturelles, telle est donc la condition indispensable de notre obéissance à la loi morale et la forme humaine de la liberté. Mais outre cette indépendance qui ne concerne que le vouloir lui même, faut-il en concevoir une d'un caractère plus matériel qui regarderait l'exécution physique du vouloir ? La loi morale, à la vérité, ne prescrit que l'intention ou le motif des résolutions : mais les résolutions sont par essence des résolutions de faire quelque chose : on ne se décide pas à vide, pour ainsi dire, mais dans une circonstance déterminée, qui suggère à l'esprit plusieurs idées pratiques, et réveille sous le nom de motifs plusieurs inclinations, on veut une action également déterminée. Il n'y a de volonté sérieuse et digne de ce nom que celle qui est accompagnée du ferme désir de l'exécution et, par suite, de la croyance à la possibilité de cette exécution. La loi morale commande de vouloir, la nature nous contraint d'agir, et notre devoir est précisément d'imprimer aux actions naturelles dont nous ne pouvons changer la matière la forme de la moralité.

Intention, résolution, action sont donc en réalité trois termes inséparables, ou du moins doivent l'être dans la pensée de l'agent : prendre des décisions qu'on sait ne pouvoir exécuter est le fait de l'hypocrisie. La liberté morale a donc nécessairement une manifestation, un symbole physique (1). Par là même, elle est limitée ; car elle n'a point formé la nature, et y peut rencontrer des obstacles. Que résulte-t-il du conflit de la volonté morale avec ces obstacles, et quelle conduite l'agent doit-il tenir vis-à-vis d'eux ?

Les obstacles sont de deux sortes : ou bien ce sont les choses physiques elles mêmes, ou bien ce sont les hommes, nos semblables. A l'égard des premières, il n'y aucune difficulté, ni théorique, ni pratique. L'empêchement qu'elles apportent au libre exercice de notre activité morale ne peut nullement diminuer en nous la croyance au devoir : l'indifférence de la nature pour notre vertu est, avons-nous dit, la condition de la vertu même ; bien loin, comme on l'affirme, de nous rendre aucunement défiants sur la valeur de nos conceptions morales (2), elle justifie à nos yeux les efforts qu'une harmonie préétablie entre les lois physiques et les besoins de la vertu rendrait inutiles. Si donc la finalité morale de la nature n'existe qu'à la condition de ne se point manifester, il n'est pas étonnant qu'elle ne prête qu'accidentellement son concours à nos résolutions désintéressées, et nous offre plutôt des obstacles que des secours. Notre devoir est tout tracé : nous devons tout faire pour exécuter nos résolutions : l'impossibilité physique seule, lorsqu'elle apparaît au moment d'agir, nous autorise à nous tenir à la seule intention sans pousser jusqu'à l'acte ; nos obligations sont remplies, puisque le résultat matériel de la décision est par lui même sans valeur.

Le problème est plus difficile à résoudre, quand la résistance à nos desseins vient des hommes eux mêmes, comme nous sujets de la loi morale. Il peut arriver en effet qu'un acte que je conçois et que je suis tenu d'exécuter comme moral lèse les intérêts d'un autre. Cet autre me résistera : la loi qui me prescrit l'accomplissement entier de ma décision me prescrit également de surmonter sa résistance. Mon premier devoir est d'assurer l'exercice physique de ma liberté morale, et d'établir mon indépendance à l'égard

---

(1) *System der Sittenlehre*, S. 302, 400.
(2) P. Janet, op. cit. p. 611.

d'autrui : mon premier devoir est de faire respecter mon droit. Le droit, c'est le pouvoir que je m'arroge moralement d'user des autres pour obéir à la loi morale.

Seulement ce pouvoir n'appartient pas à un seul agent : il appartient à tous. Tous sont également autorisés à accomplir même contre leurs semblables les actions qu'ils croient morales, et, par exemple, à leur résister au nom même du devoir. Quelques-uns peuvent concevoir comme une obligation d'aider un autre à remplir son devoir comme il l'entend, même au détriment de leur propre moralité ; mais c'est là une conception peu répandue et de plus très peu légitime. Ma bonne volonté est sacrée pour moi au même titre que la bonne volonté d'un autre est sacrée pour lui, et l'ordre de la loi tel que je le conçois est à mes yeux aussi obligatoire que l'ordre de la loi tel qu'il le comprend. Chaque homme a donc le droit de commettre envers tout autre homme tous les actes qui peuvent manifester sa liberté : car la liberté n'étant que la faculté du devoir et n'agissant que pour le devoir a un usage toujours obligatoire, par conséquent toujours légitime.

C'est donc un besoin moral pressant que d'avoir la plus grande indépendance physique possible, et le droit ainsi défini semble être une condition essentielle de la moralité. Mais une difficulté manifeste surgit alors : tous les agents moraux ayant ce même devoir de défendre et d'étendre leurs droits (1), un conflit permanent est inévitable entre eux, aussitôt que leurs inspirations morales se contredisent : la lutte pour la vie morale est nécessaire, et la victoire ici comme partout restera aux plus forts, aux mieux doués par la nature, auxquels paraîtra réservé comme un privilége l'exercice de la liberté surnaturelle. Cette conséquence ne serait pas cependant rigoureusement déduite, et la morale formelle n'aurait pas à s'en inquiéter : car nos droits supprimés, notre indépendance physique totalement anéantie, fussions-nous incapables de nous mouvoir dans aucune direction, il nous reste toujours la résolution, seule commandée, seule vraiment méritoire, et nous ne sommes pas coupables d'échouer devant des obstacles matériels, fussent-ils revêtus de la force humaine. Mais cette lutte continue n'est pas plus possible dans le monde moral que dans le

(1) Kant : *Kleinere Schriften sur Ethik*, ed. *Kirchmann*. S. 98.

monde naturel : les hommes que l'intérêt bien entendu de leurs plaisirs a conduits, selon plusieurs philosophes, à former une société réglée et fondée sur une législation limitative des forces individuelles, feront aussi bien le même calcul et le même sacrifice partiel dans l'intérêt de leur vertu. La liberté la plus grande n'est pas celle que l'on conquiert et que l'on défend les armes à la main : c'est celle que l'on reçoit d'un contrat qui assure à chacun, par la définition de ses droits, la protection de tous : les individus aliènent en partie une indépendance qui pourrait à chaque instant être détruite par une coalition d'adversaires séparément plus faibles, ils obtiennent en échange une sécurité indispensable à la formation stable des desseins moraux. Le droit est la garantie sociale accordée à la liberté physique. Par l'établissement d'un tel contrat, la société se transforme en État (1) ; la fonction propre de l'État est la justice qui a pour objet de préserver directement les droits, et par suite indirectement la moralité de chacun. Mais il importe d'examiner de plus près l'organisation de la justice, afin de prévenir toute objection fondée sur la restriction qu'elle apporte à nos libertés.

La justice humaine, d'origine morale pourtant et supra-sensible, ne s'est réalisée que dans le monde des sens, et en s'accommodant à notre nature empirique ; aussi elle ne s'adresse point à la raison, elle flatte ou menace la sensibilité par les récompenses et les punitions ; elle compte non pas sur la liberté, mais sur le déterminisme humain. N'y a-t-il pas là une contradiction flagrante, à vouloir sauvegarder la moralité par la nature, et à chercher dans les inclinations fatales une protection pour le libre arbitre qui doit les gouverner ? L'agent qui respecte le droit d'autrui par crainte des châtiments est immoral. Faut-il admettre une immoralité nécessaire à la morale, et comparer la justice à cet homme d'État qui se vantait de faire de l'ordre avec du désordre ? Il faut reconnaître franchement la difficulté : elle vient du conflit de deux forces en présence, celle de la société, celle de l'individu. La société a droit d'assurer son droit et sa moralité ; et les moyens qu'elle emploie à cet effet, si elle ne regarde que son intérêt, ne sont pas condamnables; mais si on regarde l'intérêt de l'agent puni ou con-

(1) *System der Sittenlehre*, S. 404.

traint par la crainte de la punition, la puissance sociale semble
exercer contre lui une criminelle oppression. Elle ne peut arguer
d'une prétendue expiation morale qu'elle serait chargée de faire
subir aux coupables; à supposer que ceux-ci eussent, dans une vue
immorale, violé le contrat social, quel rapport légitime existe t-il
entre une intention criminelle et une douleur physique? Il y a
une liaison de fait entre la faute et le remords, ou châtiment moral:
quel lien y a-t-il entre la faute commise par un agent libre et la
punition matérielle qui n'a de prise que sur un agent nécessité?
Bien loin de le purifier, et de lui rendre sa vertu première, la souffrance physique ne fait que resserrer les chaînes de la sensibilité
naturelle, et par là assure pour l'avenir plus d'influence aux mobiles anti-moraux. La justice morale semble donc encourir la
terrible responsabilité à laquelle échappe la justice déterministe,
de violer le droit et de menacer la moralité des membres de
l'Etat. En les privant pour un temps, suivant le mode de punition le
plus usité, de leur liberté physique, en fortifiant chez eux le mobile immoral de la peur, elle leur rend impossible un grand nombre de résolutions qu'ils concevaient peut-être comme obligatoires.

L'antinomie est embarrassante; elle conduit à se demander
s'il y a véritablement un devoir invariable, un précepte positif et
inviolable de respecter la liberté d'autrui, au point qu'aucune
intention morale ne puisse appeler et justifier la répression sociale
et que le droit reçoive un caractère absolu et sacré. Mais s'il
en était ainsi, le pouvoir de légitime défense resterait intact pour
la société; car, lorsqu'elle jugerait une faute commise contre l'ordre
public, elle aurait devant elle un agent, non pas seulement matériellement coupable, mais encore coupable dans l'intention. Si c'est une
obligation formelle de ne pas attenter aux jours ni à la liberté de
son semblable, l'agent qui a commis une telle faute ne peut s'excuser en prétendant avoir cru faire son devoir: il n'a donc pas agi
librement, il a fait œuvre d'automate sensible, et comme tel a perdu
tout droit. Il est devant la société comme un animal devant son
maître; elle est autorisée à en faire ce qu'elle veut, sauf peut-être
à le faire mourir. Si au contraire le droit n'est pas absolu, en sorte
qu'il puisse être violé par une action formellement morale, la
justice use légitimement de la force pour protéger le contrat social: celui-ci n'est qu'un moyen d'aider à la moralité des

citoyens, et quand l'individu a cru en trouver un meilleur, la société peut l'imiter sans scrupule. Ajoutons que cette violation du pacte moral a plutôt pour effet de le préserver que de l'enfreindre; elle en détruit la lettre pour en sauver l'esprit. Il n'a pas d'autre but, en effet, que d'assurer la moralité du plus grand nombre, moralité quantitativement supérieure à celle d'un seul. Le salut de la majorité, le salut de sa vertu bien entendu, et non de son bonheur, doit avant tout préoccuper l'Etat; forcé de choisir entre le droit d'un seul et celui de tous les autres, le juge éprouvera sans doute des scrupules légitimes qu'on ne saurait trop honorer ; mais son devoir semble être de protéger d'abord la société. Ajoutons que ces scrupules, si l'on consulte l'expérience, n'ont guère de raison d'être, et que les fautes, dictées par une intention vraiment pure et cependant capables de tomber sous la vindicte publique, sont bien rares. Le vol ou l'assassinat n'émaneront presque jamais d'un agent libre, mais d'un agent passionné qui ne mérite donc pour le passé aucun égard. Quant à l'avenir, on ne voit pas que le châtiment lui interdise désormais tout usage de la liberté ; son indépendance matérielle et les moyens physiques par lesquels se manifestent les intentions vertueuses, sont, il est vrai, restreints pour lui ; mais puisque la loi ne commande aucun acte déterminé, le prisonnier reste capable d'actions morales. Chaque situation a ses devoirs, et si l'agent en captivité ne peut plus concevoir certaines occasions d'exercer son libre arbitre, occasions d'ailleurs qu'il n'aurait peut-être pas saisies, il se présente encore pour lui bien des circonstances où l'exercice de la liberté morale, c'est-à-dire la résistance aux passions, est possible et commandée : la matière physique du devoir change à l'infini, la forme en persiste toujours, immuable.

Voilà donc, semble-t-il, l'origine et le fondement du droit; c'est la volonté d'assurer à ma liberté le plus d'extension possible; elle m'amène à promettre les concessions et les sacrifices nécessaires pour que les autres s'associent à ma résolution, et m'aident à l'exécuter. On peut objecter à la vérité qu'une telle volonté individuelle ne suffit pas, et que l'existence réelle du droit exige un accord, au moins tacitement consenti, de toutes les volontés;

qu'adviendra-t-il pour celles qui refuseraient d'adhérer à un pacte dont la réalité est purement logique? Ceux qui croient leur moralité mieux sauvegardée par une indépendance absolue, qui refusent l'assistance du contrat social et se tiennent hors de l'Etat, seront-ils affranchis du respect envers la société, et exposés d'autre part à ses caprices? Il n'est pas douteux que ces refus réfléchis d'adhérer au contrat seront bien rares ; si peu d'hommes prennent la peine de scruter le fondement du devoir, qu'une telle idée ne naîtra presque jamais. On n'a guère à redouter de si fières revendications d'indépendance, et ceux de qui elles viendraient, gens méditatifs et scrupuleux, ne seraient guère portés à violer le droit réel, ou non, des autres. Si pourtant une telle occurrence se présentait, la société serait assurément dans le cas de légitime défense, puisqu'elle peut sévir, nous l'avons vu, même contre des agents animés d'intentions vraiment morales.

La justice humaine donc, bien qu'elle soit réduite à protéger le libre arbitre par des armes déterministes, est une institution compatible avec le formalisme. Elle est immorale sans doute : mais elle déploie le minimum d'immoralité nécessaire à la sauvegarde de la moralité sociale. Sans doute la moralité n'est pas directement aidée ni encouragée par les moyens qui servent aux tribunaux pour la protéger : mais indirectement le mécanisme judiciaire lui rend de grands services, et compense un faible mal par un grand bien. En préservant la liberté physique de l'individu, elle accroît sa liberté intérieure et lui permet, pour ainsi dire, de se prendre au sérieux comme agent moral : l'homme, suffisamment garanti contre les agressions imprévues de ses semblables, n'ayant même plus à les faire figurer parmi les conséquences possibles de ces actes et par suite parmi ses motifs d'agir, peut suivre plus facilement les inspirations de sa conscience ; et, ce qu'il est encore préférable de dire pour sauver la pureté du motif moral, il peut, protégé par la justice, vraiment délibérer et vraiment vouloir. Les obstacles physiques que nous suscitent les autres n'ont pas, en effet, pour seul résultat de nous déterminer à agir sous l'empire de la peur : même sans être ému par la crainte, on serait bien forcé de renoncer à vouloir des actes que la résistance d'autrui rendrait matériellement inexécutables. L'abstention n'est pas coupable, quand elle provient de circonstances fortuites et individuelles: mais les hommes réunis en commun eussent manqué à leur devoir, s'ils n'avaient pris des mesures sociales pour diminuer, autant que possible, le nombre de ces abstentions nécessaires. L'organisation de la justice, avec le système des peines et récompenses, leur a paru la meilleure de ces mesures : èt peut-être, en effet, malgré les difficultés qu'elle soulève, est-elle la moins mauvaise que la nature leur permit de choisir.

Ce qu'il faut conclure de ces difficultés, c'est que le devoir seul est absolu, le droit ne l'est pas. La liberté est une condition indispensable de la moralité : le droit est un fait contingent, relatif à l'humanité, et même à l'humanité physique. Notre intérêt moral prescrit sans doute de l'entourer des plus fermes garanties possibles: mais il n'en demeure pas moins, de l'aveu universel, soumis à des conditions restrictives. S'il en était autrement, si la vie et la liberté humaine étaient choses sacrées, et non d'une valeur subordonnée à la moralité de ceux qui les possèdent, ou aux circonstances dans lesquelles elles sont atteintes, la guerre serait-elle autre chose qu'un assassinat, l'emprisonnement des fous qu'une criante injustice ? L'innocence peut être légitimement, moralement opprimée ; c'est le triste résultat de la chute du devoir sur la terre : qu'y pouvons nous, sinon diminuer dans la mesure de nos forces le nombre de ces oppressions nécessaires, et travailler à les faire tourner au profit de la moralité sociale?

De nos jours, où l'on parle plus volontiers aux hommes de leurs droits que de leurs devoirs, et où la tête des assassins est plus précieuse que celle des victimes, ces conséquences de la morale formelle indisposeront peut-être contre elle beaucoup d'esprits. Il faut cependant les avertir que c'est encore dans cette doctrine que la justice est le plus fermement garantie; il n'est pas possible dans aucune autre d'en présenter une satisfaisante déduction.

En se tenant le plus près possible de la morale formelle, Fichte l'a précisément essayé, et son explication paraît avoir fait fortune. On sait qu'il extériorise la loi morale, la pose comme un être indépendant de l'esprit, puis, faisant de l'homme le moyen par lequel cette Idée transcendante s'incarne peu à peu dans le monde physique, il confère à l'agent le même caractère auguste et inviolable que possède la fin. Chaque existence humaine est pour l'homme animé de sentiments moraux un instrument pour la réalisation

de la loi morale dans l'univers sensible (1) ; et le vrai devoir
n'étant pas de faire son devoir, mais le Devoir, tous mes semblables ont à mes yeux une valeur, une dignité égales à celles que je
m'attribue.

Ce raisonnement, serré en apparence, renferme cependant de
graves erreurs. Nous avons déjà indiqué combien est arbitraire la
conception de l'Impératif catégorique substantifié et réalisé ; mais
lors même qu'on accorderait à Fichte l'existence réelle de l'Idée
du devoir, pourquoi participerions-nous à ses caractères sacrés?
Quelle raison y a-t-il de prêter aux moyens l'inviolabilité de la
fin? Il faudrait au moins être assuré que l'homme est le seul
moyen par lequel l'avénement de la moralité peut être produit,
et qu'une violation quelconque du droit d'une créature si fragile
atteint la raison d'être toute-puissante de l'univers. Nous ne
connaissons point, il est vrai, d'autres agents moraux que les
hommes : mais notre ignorance ne constitue pas raisonnablement
notre dignité.

Toutefois, cédons encore sur ce point, et reconnaissons que
l'homme, à titre d'instrument de la moralité, est absolument respectable. Les difficultés pratiques ne sont guère diminuées par cette
concession : quand précisément l'homme agit-il comme instrument de la loi? quand agit-il comme automate naturel ? voilà ce
qu'il faut savoir. Autrement, ou bien on considèrera toutes ses
décisions comme dignes de respect, ou bien on le traitera toujours
en animal physique. Le corps est le moyen de l'âme, et l'âme le
moyen du devoir: veut-on en conclure par le raisonnement ci-
dessus exposé, que le corps humain est absolument inviolable
comme l'âme, la liberté physique aussi sacrée dans toutes ses
démarches que la liberté morale? En voulant ainsi créer le droit
absolu, on le supprime absolument : toute limite à l'indépendance
des individus étant ôtée, chacun est à la merci de toutes les
fantaisies de ses semblables, sans qu'aucune protection sociale
lui assure l'exercice au moins partiel de ses facultés morales.
Malgré tous les efforts, il faudra encore en venir à marquer les
bornes du droit, et comme une telle délimitation ne se peut faire
qu'en consultant la nature et l'expérience, le droit prendra

(1) Op. cit S. 371.

nécessairement une forme variable, contingente, humaine en un mot.

Aucune doctrine d'origine vraiment morale ne peut échapper à cette conséquence ; dans notre premier chapitre, nous avons cherché à rendre un rôle légitime à la conception d'un Souverain Bien, en l'identifiant au règne des bonnes volontés : travailler non-seulement à ma moralité, mais encore à la moralité universelle, telle peut être la formule librement choisie de l'Impératif catégorique. Permet-elle de donner au droit le caractère qu'on souhaite pour lui ? Elle me rendra seulement plus scrupuleux à l'égard de mes semblables ; je les respecterai, je les assisterai, je développerai leur liberté matérielle, non plus seulement dans l'intérêt de ma moralité, mais dans l'intérêt de la leur. Mais qu'arrivera-t-il si nos moralités entrent en conflit, si à une action que je crois de mon devoir, un autre oppose une résistance qu'il croit également de son devoir ? Que dois-je faire ? Je n'ai conçu l'obligation de contribuer à la moralité de tous qu'en imaginant cette moralité d'après la mienne, qui logiquement précède et surpasse à mes yeux toutes les autres : est-ce donc la mienne qu'il faudra sacrifier (1) ? En ce cas, il y a un droit qui cesse d'être absolu : c'est le mien. Si, au contraire, c'est à mon salut moral que je dois d'abord songer, je ne considère plus les autres que comme des moyens pour ce salut, et leur inviolabilité prétendue s'évanouit.

Ce dernier parti est le plus raisonnable, le plus conforme assurément aux exigences de la loi telle que je la trouve dans ma conscience. Le droit que je reconnais aux autres provient seulement, non de leur qualité d'instruments de la loi morale, mais de leur qualité d'objets que ma conduite peut rendre utiles ou nuisibles à ma moralité ; et ce droit a l'étendue et la valeur nécessaires à ma propre liberté. Sans doute on qualifiera cette doctrine d'égoïsme ; on lui reprochera, comme à la théorie de la perfection humaine (2), de ruiner le désintéressement. Mais il ne faut pas avoir peur des mots : qu'on nous prouve d'abord que la morale condamne cet égoïsme et que notre premier

(1) Fichte lui-même n'ose pas décider et rencontre le même embarras dans sa doctrine. *System der Sittenlehre,* S 408.
(2) P. Janet, op. cit. p. 123.

6

devoir est de songer directement au salut des autres. Enfin, si l'on descend de la théorie à la pratique, on reconnaitra que ces conflits moraux si pénibles pour la conscience sont bien rares, et que le droit conçu ainsi d'une façon contingente et relative est encore une sauvegarde très suffisante : l'agent moral convaincu et scrupuleux, le seul par conséquent qui ait réfléchi aux imperfections de la justice, est aussi le seul qui redoutera, même à l'excès, d'en violer les commandements.

Les inconvénients pratiques que renferme cette théorie du droit et de la justice sont donc bien peu graves: on ne pourrait pas dire la même chose de tous les systèmes qui ont essayé de protéger la personne humaine. Le déterminisme tout d'abord doit être mis hors de cause : en dépit des affirmations étranges qu'on entend de nos jours sur le droit des criminels qu'on assimile à des malades en qui le sens moral serait atrophié, il est certain que rien n'est respectable chez l'homme qui ne possède pas au moins virtuellement la faculté du devoir : ce qui conserve au fou, même au coupable, la dignité morale, c'est l'espoir qu'a la société de les voir revenir à la liberté. Si celle-ci n'est qu'un vain mot, quel droit l'animal humain a-t-il donc à l'inviolabilité ? Un calcul d'intérêt bien entendu, un pacte social fondé sur les avantages des divers contractants, engendre bien, comme l'a montré Hobbes, des usages, des lois protectrices des individus : mais l'autorité de ces lois n'est jamais que relative ; elle varie d'après notre pouvoir de les enfreindre. L'agent, s'il trouve quelque plaisir assuré à les violer, n'aura pas l'ombre d'un scrupule à le faire, et au lieu que les infractions morales au contrat social, les manquements par désir d'un plus complet sacrifice sont fort rares, il est à craindre que les infractions égoïstes n'aient d'autre frein que notre impuissance physique : la voix de la conscience se joint à la prudence pour nous exciter à respecter la justice : la prudence seule y suffirait-elle, toujours, partout, absolument ?

La morale matérielle n'est pas sur ce point plus heureuse que le nominalisme : elle pose en principe que l'homme a des droits parce qu'il est l'instrument de la réalisation du Souverain Bien, qui est ou la justice même, ou l'ordre universel, ou la dignité humaine.

Elle dira, par exemple, que la justice est le bien absolu et rédui-

ra le devoir à l'obligation de réaliser ce bien primitif et supérieur;
au lieu de dériver le droit du devoir, elle légitime le devoir par le
droit. Mais que peut-on entendre alors par cette justice dont la
vue et le respect doivent régler notre conduite? La formule la
plus complète qu'on en ait donnée est sans doute celle-ci : à chacun
selon sa capacité et à chaque capacité selon ses œuvres. Tel est l'i-
déal que notre devoir est de réaliser, en vertu d'ailleurs d'un décret
absolu qui ne se justifierait que par un retour sur nos propres intérêts, et ne produirait alors qu'un droit relatif, résultant de l'organisation contractuelle d'une société utilitaire ou morale. Mais comment
réussir à donner à chacun ce qui lui est dû? A moins qu'on ne
prétende, ce qui ruine le droit en le rendant absolu, que toute
qualité bonne ou mauvaise et tout exercice de l'activité doivent se
manifester sans entraves, les mots « capacité et œuvres » ont un
sens purement relatif. Comptera-t-on la bonne intention parmi les
œuvres auxquels il est dû quelque chose ; mais que peut-il lui
être dû? Comme son essence propre est d'être désintéressée, il
n'est pas dans l'ordre qu'elle entraîne aucun plaisir comme sa
conséquence légitime; elle n'a à revendiquer que la liberté physique sous les réserves que nous avons indiquées et qui rendent impossible l'inviolabilité absolue de la personne ; enfin, puisque
l'intention demeure cachée dans la conscience, la prendre pour
règle de la justice, c'est prendre une règle inconnue. Les œuvres
dont il s'agit doivent donc être des œuvres physiques, des manifestations extérieures de la capacité. Mais alors à quelle tâche la
capacité et les œuvres sont-elles tenues de concourir pour recevoir
une juste récompense ou éviter un juste châtiment? C'est ce que
les partisans de cette doctrine ne disent pas ; ils ferment les yeux
sur le caractère essentiel de la justice ou respect des droits, qui
n'est qu'un moyen pour une œuvre absolue. Leurs hésitations
naissent de la difficulté d'indiquer cette œuvre absolue, et d'en
déduire des règles qui limitent à la fois et protègent l'activité individuelle. Si, en effet, la fin déterminée que doit poursuivre
l'homme a une existence indépendante de sa pensée, n'est pas un
idéal choisi librement, l'homme n'a vraiment de valeur que lorsqu'il l'atteint réellement: s'il échoue, que lui reste-t-il pour inspirer le respect? Et alors revient l'alternative que nous avons
plus d'une fois posée: ou tous les hommes pratiquent le Souve-

rain Bien, parce que tous ils le connaissent, mais alors tous leurs
actes inspirés par cette vue de l'excellence suprême sont
méritoires, et leurs personnes toujours sacrées; ou quelques
hommes seulement font des tentatives heureuses, et ceux là seulement participent au caractère majestueux et inviolable du Bien en
soi. Le droit, comme la moralité, est un privilège: ceux qui le pos
sèderont s'abstiendront de tout scrupule à l'égard des autres, qui
ne seront plus des personnes, mais des choses; ils les violenteront
même, suivant l'habitude légitime de tous les dogmatiques, afin de
leur faire ouvrir les yeux, de les ramener dans la bonne voie, et
de leur faire acquérir la dignité qui leur manque. Mais, comme
chacun, parmi les adeptes de la métaphysique rationnelle, croit
jouir de la vue des Essences, chacun se jugera autorisé à opprimer
ses semblables dans la mesure de ses ressources : le conflit universel reparaîtra et avec lui la ruine du droit et des règles qui permettent aux faibles l'usage de la liberté et l'effort vers le bien.

Le but précis de notre travail rend inutile une plus longue insistance : il suffit d'avoir montré que si la liberté est absolue et
invariable, le droit comporte des changements et des progrès.
L'indépendance à l'égard des passions est une institution morale,
indispensable à la pratique du devoir; l'indépendance physique
des agents à l'égard les uns des autres est une institution humaine,
légitimée sans doute par l'intention morale qui la fonde, mais à la
rigueur inutile à la vertu. L'homme peut être dépouillé de tous ses
droits, sans être jamais affranchi de son devoir; les uns changent,
diminuent, grandissent selon les temps, les lieux, les idées que les
hommes se font des moyens les plus propres à protéger la
moralité sociale : l'autre est immuable, mais prête tour à tour son
autorité et sa forme aux matières et aux lois les plus diverses. La
justice en un mot résulte de la combinaison de liberté et de
nature d'où est née l'humanité, de la présence d'un agent moral
au sein du déterminisme physique, du joug sensible auquel une
partie de son être est fatalement soumise.

III — L'IMMORTALITÉ

L'immortalité est-elle vraiment une condition de la moralité? — Examen et réfutation de la doctrine de Kant à ce sujet. — Origine de la croyance à l'immortalité. — Comment cette croyance manque son but. — Distinction de l'immortalité morale et de l'immortalité sensible. — Comment les hommes ne souhaitent que celle-ci et n'auraient à attendre que celle-là.

L'immortalité dans les autres doctrines : 1° d'après le déterminisme; 2° d'après le réalisme. — Ces théories sont impuissantes à fonder logiquement une croyance morale à l'immortalité. — L'immortalité n'est pas un objet de foi morale, mais de foi religieuse ou métaphysique.

L'homme, à qui la loi morale pure confère une indépendance infinie à l'égard de ses passions, à qui la loi morale terrestre confère une indépendance finie à l'égard de ses semblables, a-t-il le besoin ou l'espoir d'un affranchissement plus complet, qui le délivrerait du joug des lois naturelles? La moralité implique-t-elle la nécessité pour lui d'échapper à l'ordre inexorable qui conduit toutes les créatures à la destruction ; les animaux meurent autour de lui et, comme animal, il mourra aussi. Comme homme, comme agent moral, doit-il compter sur une autre vie? L'immortalité, comme l'a cru Kant, est-elle un postulat du devoir, tellement que sans elle la loi morale serait une loi abstraite, un idéal abstrait qui ne nous obligerait nullement? (1)

L'argumentation de Kant pour établir cette nécessité de l'immortalité paraît double, et malheureusement, sous son double aspect, également infidèle au principe de la morale formelle. Par une modification de sa doctrine qu'on pourrait croire renouvelée du stoïcisme, Kant substitue à l'obligation de pratiquer le bien moral, l'obligation de rechercher le Souverain Bien ; l'idéal de la vertu, mieux adapté, du moins en apparence, aux faiblesses de la nature humaine, n'est plus la sagesse, mais seulement le progrès vers la sagesse. « La condition suprême du Souverain Bien, écrit-il, c'est l'exécution des ordres même de la loi morale, c'est-à-dire

(1) *Critique de la raison pratique*, tr. Barni, p. 315.

la parfaite conformité des intentions à la loi morale. C'est la sainteté dont aucun être raisonnable n'est capable dans le monde sensible, à aucun moment de son existence. Et puisqu'elle n'en est pas moins exigée comme pratiquement nécessaire, il faut donc la chercher uniquement dans un progrès indéfiniment continu vers cette parfaite conformité » (1), et ce progrès indéfini exige une vie éternelle.

Il est manifeste que Kant oublie ici son principe même, et ramène en morale le concept d'une matière, d'une fin extérieure à la volonté de l'agent, que celui-ci doit atteindre ou au moins poursuivre. La vertu n'est plus complète à ses yeux, si elle consiste seulement dans la bonne volonté : il faut encore que cette bonne volonté se manifeste par des actes physiques conformes à l'essence du Bien. Il semble dire que cette conformité ne sera jamais possible dans cette vie, ni même dans aucune autre, et que notre seule raison d'être, et d'être immortels, est précisément notre impuissance à être moraux ; si nous atteignions un jour l'idéal de la sagesse, notre vie désormais inutile cesserait de nous être conservée. Mais sans insister sur cette conséquence singulière, disons que cette doctrine, selon laquelle l'immortalité serait comme l'existence présente un moyen d'exercice pour notre faculté morale avide de nouveaux efforts, selon laquelle, suivant l'heureuse expression de M. Janet, la vertu a droit à elle-même, et réclame justement un séjour plus favorable que la terre à ses aspirations, renferme une contradiction. Nous devons faire notre devoir, voilà le seul principe qu'on puisse adopter : le pouvons-nous ici-bas? Sommes-nous capables des intentions vraiment pures? Si oui, une seconde vie n'est pas nécessaire pour rendre possible une obéissance qui se manifeste dès la première, et la vertu pour voir son droit à elle-même respecté n'a qu'à se créer et à le créer par elle seule ; si non, si la moralité est au-dessus de nos forces terrestres, que signifie le commandement de la conscience qui nous prescrit de la rechercher? Si cet ordre est absolu, et en même temps impraticable sur terre, mais exécutable ailleurs, nous n'avons qu'un moyen de sauver notre moralité :

---

(1) Ib. p. 320, éd. Kirchmann, S. 146. Cf *Doctrine de la vertu*, p. 62, tr. Tissot.

c'est le suicide, qui sera l'acheminement volontaire à notre destinée obligatoire. Fichte fait un devoir à l'être moral de vouloir la vie non pour elle-même, mais pour l'accomplissement d'actions auxquelles elle est indispensable. « Le passage dans une autre vie ne pourrait pas, écrit-il, m'être commandé directement, mais seulement d'une façon indirecte, par l'ordre de faire une action déterminée qui ne serait pas possible dans cette vie, mais seulement dans l'autre » (1). Or, c'est précisément le cas qui se présente si l'immortalité est regardée comme la condition sine quâ non de la moralité; de même que nous sommes tenus d'assurer notre indépendance envers nos passions et envers nos semblables, de même nous aurions pour premier devoir d'assurer par la mort notre indépendance à l'égard de la nature physique, unique obstacle à notre vertu.

Kant a-t-il entrevu cette conclusion? On pourrait le croire, puisqu'il a repris l'argument vulgaire par lequel on prouve l'immortalité, et qui est fondé sur la nécessité d'une récompense pour l'agent moral. Le Souverain Bien est moins à ses yeux, dans cette seconde phase de sa pensée, le but accessible que le résultat désirable de notre activité: l'union du bonheur et de la vertu qui le constitue n'est pas réalisable par notre volonté seule, mais par le concours d'une Providence toute puissante qui, en échange de notre obéissance à ses ordres, nous accordera une éternelle félicité. Il y a une liaison nécessaire, quoique synthétique, entre la moralité et le plaisir : et puisqu'elle n'existe pas sur la terre, elle existera dans une autre vie. Si c'est là une affirmation de la foi métaphysique ou religieuse, nous n'avons rien à objecter : mais si c'est un essai de démonstration, il est aisé de voir combien il est peu rigoureux.

Je ne dis rien de la conclusion qui consiste à prétendre qu'il faut attendre jusqu'à l'autre vie pour avoir la récompense de la vertu : on pourrait très légitimement soutenir que les joies de la conscience et, même la plupart du temps, les plaisirs de la vie naturelle accompagnent ici bas l'observation des lois morales. Mais c'est le principe même de l'argumentation dont il importe de faire voir le caractère arbitraire et aussi la genèse

(1) Op. cit. S. 355.

psychologique. Il y a, dit-on, une liaison nécessaire entre l'idée
du bien et l'idée du plaisir : on cherche vainement par où justifier une telle assertion dans une doctrine qui fait de l'exécution
matérielle des résolutions un véritable accessoire, un moyen peu
important de manifester la vraie action morale. Quand la possession
d'un bien réel est requise pour rendre l'agent vertueux, le plaisir
peut être admis à titre de stimulant pour nous décider à poursuivre ce bien : la fin justifie les moyens. Mais si, au contraire, l'idée
du plaisir doit être soigneusement bannie des motifs envisagés par
la conscience, de quel droit lui donne-t-on un rôle en morale?
que peut-elle y faire, sinon risquer de vicier l'intention vertueuse
et rendre plus difficile encore la décision désintéressée qu'exige
la loi? On dit que la justice commande cette harmonie, cette correspondance du bien moral et du bien physique : mais c'est qu'on
se figure la justice absolue et morale sur le modèle de la justice
humaine et déterministe, qui gouverne l'homme non par sa raison,
mais par ses passions.

Stuart Mill a finement marqué l'origine de l'association purement empirique des idées de plaisir et de vertu, et dévoilé ainsi
la source d'une croyance prétendue morale à l'immortalité.

L'intérêt social, explique t-il, exige que certaines actions soient
matériellement faites, n'importe pour quel motif : ce qui est crime aux yeux de la morale pure peut être héroïsme aux yeux de la
société, s'il lui est utile. La société encourage donc ses membres
par tous les moyens possibles à produire des actes bienfaisants, et
à s'abstenir des actes nuisibles : dans cette vue, elle attache aux
premiers le plaisir comme récompense, aux seconds la douleur
comme châtiment ; elle crée ainsi des motifs puissants d'accomplir
les uns et de fuir les autres. Et ce mécanisme est si simple, si
conforme aux tendances de la nature humaine, qu'il s'est produit
et développé spontanément, toujours préservé et entretenu par le
concours de notre sensibilité avide de satisfactions.

Il n'est pas même besoin de recourir à cette hypothèse pour
expliquer la liaison des idées de vertu et de récompense : celle-ci
ne vient pas seulement d'une invention de la société, mais plus
encore d'un artifice de la nature. La plupart des sacrifices et des
abstinences commandées par la loi morale sont analogues ou
identiques à celles que conseille la nature dans notre intérêt bien

entendu. Souvent, et sans nul égard à l'idée du devoir, il faut se
priver d'un plaisir présent pour préserver la santé physique ou
mentale ; et la récompense naturelle de cette privation est le
salut de la santé que l'agent espère et considère comme un dédommagement légitime. Comme, d'autre part, l'abstinence de ces
mêmes plaisirs est presque toujours la forme sous laquelle se manifeste le précepte moral, assimilant la loi du devoir à la loi naturelle, nous attendons machinalement de l'une l'indemnité que
l'autre a coutume d'accorder, sans vouloir remarquer que des sacrifices d'origine et d'inspirations diverses ne doivent pas nécessairement produire des résultats identiques; et, toutes les fois que
notre âme s'impose une privation, pour un motif quelconque, elle
compte en retirer quelque profit ; elle estime juste ce qui n'est
qu'ordinaire et naturel. Pour joindre un plaisir de plus, celui de
la sécurité morale et de l'illusion du devoir accompli au plaisir
des récompenses sociales ou naturelles, elle oublie vite l'origine
déterministe et utilitaire des prix de vertu : elle laisse s'associer
sans résistance et complaisamment les idées hétérogènes du plaisir et de la bonne conduite morale, aujourd'hui si fortement
attachées par l'intérêt et la coutume que nous les croyons unies
par un lien légitime et nécessaire. Et, comme notre soif de bonheur va bien au delà de la vie présente et ne se satisfait que dans
l'infinité du temps, nous avons cru rencontrer dans cette conception des rapports du plaisir et de la vertu, un moyen approuvé
par la logique et la morale de l'assouvir pleinement. Peu à peu
détrompés par l'expérience, instruits par l'évidence de la douleur
que la félicité n'est pas de ce monde, et cependant incapables d'en
faire l'abandon définitif, nous nous persuadons que, vainement
cherchée ailleurs, elle se trouvera dans la pratique du bien, et
nous imaginons volontiers, sans oser ouvrir les yeux sur cette
rêverie consolatrice, qu'un avenir d'éternelle réparation nous est
dû. Comme le dit Kant dans ses *Rêves d'un visionnaire*, la balance
avec laquelle nous pesons les preuves de l'immortalité est fausse,
et dans ce jeu logique nous usons de dés pipés. On n'a guère le
courage de secouer une chimère d'apparence si séduisante, et
dont le rôle est, à ce qu'il faut croire, bien utile à la société, puisqu'on ne peut essayer de la faire disparaître sous un regard plus
ferme sans être accusé de vouloir bouleverser le monde.

Et cependant, si l'on envisageait nettement les vrais caractères de l'immortalité morale, on se résignerait plus aisément peut-être à en faire pour son compte, et à en enseigner aux autres le sacrifice. Que d'esprits d'abord ne songent pas à regarder si loin, bornent leur ambition aux joies de la vie présente, et ont vaguement plus de peur que de désir des hautes félicités qu'il faudrait acheter, ici bas par l'exercice de la vertu, ailleurs par le renoncement aux plaisirs vulgaires, les seuls auxquels ils aspirent ! Qu'on y prenne garde, en effet : lorsque Kant et M. Janet réclament l'immortalité comme la condition de la vertu parfaite, ils la considèrent nécessairement comme la prolongation indéfinie et l'achèvement de la vie de devoir que nous essayons sur la terre : ce qui durera de nous, ce qui a droit à durer, ce ne sont pas nos instincts physiques, ni nos passions qui tiennent de si près au corps et sont les obstacles dont l'âme veut être affranchie. La liberté seule, invariable et identique chez tous, subsistera dans sa plénitude. La personnalité, au lieu d'être à chaque instant, comme dit Jacobi, interrompue par la satisfaction d'un désir impur (1), rassemblera en une trame continue et glorieuse ses actes épars dans le cours de l'existence terrestre ; l'identité morale, bien différente de l'identité psychologique qui consiste seulement dans la succession de plusieurs âmes sous l'enveloppe fragile d'une même conscience incapable de leur conserver les mêmes joies et les mêmes tristesses, sera la forme désormais incorruptible de notre être, uni et semblable à tous les autres membres du Règne des fins. Un resplendissement éternel au sein du Bien absolu, mais immuable et pur comme le Bien lui-même, voilà ce que semble promettre la morale en échange des ténèbres d'une vie misérable. Mais cette vie terrestre, si misérable qu'elle soit, est la seule qui nous tienne au cœur : comme on s'attache plus aux autres par les souffrances qu'ils infligent que par les joies qu'ils donnent, de même nous demeurons fidèles à l'existence humaine et aux mauvais jours dont elle est remplie. Renoncer à elle, c'est-à-dire à nos passions, à la partie palpitante de notre être pour entrer dans le séjour radieux de la sagesse impersonnelle, est un sacrifice au-dessus de notre vertu. Devant l'éclat sur-

_____

(1) *Brief an Fichte*, S. 83.

humain de la béatitude impassible, nos yeux mortels se troublent, et cherchent la terre, le séjour dont on meurt, mais où l'on vit : même les meilleurs resteront au pied de la montagne, sans force pour désirer la Transfiguration. Ils ont, dès à présent, de l'immortalité ce qu'ils ont le courage d'en vouloir ; ils l'auraient tout entière, s'ils osaient l'aimer davantage ; comme Fichte, Schleiermacher et tant d'autres (1) nous l'ont appris, l'éternité morale est en dehors du temps, à la portée de qui veut résolument la saisir.

Mais qui donc est capable, pour toujours, d'un tel héroïsme, qui donc a l'âme assez stoïque pour aspirer à l'immortalité? S'il s'agit de recommencer la vie naturelle, de retrouver encore ces passions dont la pureté rend l'assouvissement impossible, la même impuissance avec le même besoin d'aimer, les hommes de réflexion et de devoir demanderont que, par pitié, on détourne d'eux ce calice, et qu'on les rende, après leur pélerinage moral, à l'immobilité. Ils ont lutté sur terre pour obéir à la loi morale ; ils ont sacrifié les joies humaines en pariant pour le devoir : mais leur foi, énervée par le scepticisme qui les environne, ne va pas jusqu'à consentir à une éternité de combats, à souhaiter encore ces victoires qui les abattent, ces triomphes où le Devoir traîne, brisés et chancelants, ses propres serviteurs. A de tels esprits, la vie fait peur plus encore que la mort, par les souffrances naturelles et par les défaillances morales dont elle les menace : trop attachés à la vertu par les sacrifices même qu'elle a obtenus d'eux pour en blasphémer l'image, trop séduits par la passion pour en secouer les derniers enchantements et se résigner à la voir tellement disparaître de leur cœur qu'ils n'aient plus à la combattre, ils ne forment qu'un désir, celui du repos, ils n'espèrent qu'une immortalité, celle d'un sommeil sans rêves, qui les fera quittes envers la vertu, quittes envers la douleur. Et, si on leur promettait l'avènement à la vie libre, l'éternité du devoir sans la souffrance, mais aussi sans la passion, peut-être se rejetant avec effroi vers la nature, étreignant le souvenir des joies et des tristesses qu'il faudrait perdre, ils détourneraient leurs regards d'un idéal si élevé, et se sentiraient incapables d'une félicité trop

(1) M. Janet lui-même qui par sa doctrine de la conscience de l'impersonnel a contribué à inspirer les idées que nous présentons.

haute pour des cœurs que l'existence humaine lasse même de la vertu.

Une suprême ressource reste aux défenseurs de l'immortalité : c'est l'avenir illimité qu'elle offre à nos amours, l'espoir fondé sur elle des indissolubles et définitives réunions. Mais lorsque le temps est déjà trop long pour nos amitiés, à quoi bon dans l'éternité cette survivance cruelle aux affections de la terre, infidèles au souvenir de l'absent qui vivrait pour voir oublier sa tendresse, et doué alors d'une omniscience funeste, pour apercevoir peut-être qu'elle était méconnue? Si la mort en l'anéantissant pour jamais respecte les illusions de l'amour, si elle met bien sur notre cœur la pierre insoulevable d'un éternel tombeau, quelle raison de souhaiter une seconde vie qui nous rendrait la terreur de devenir infidèles et la douleur de nous sentir trahis?

Voilà bien justifiée, la tiédeur des bons à l'égard de la vie future ! Que feront, je ne dis pas les méchants, mais la foule des indifférents aux choses divines qui traversent la vie sans y réfléchir, et craindraient qu'un regard détourné vers le ciel les privât d'une minute des jouissances terrestres ? La vie future est trop loin pour qu'ils y songent, et leur unique souci est de s'accommoder le mieux possible, suivant les règles de la prudence, de la vie présente ; s'ils parlent parfois des biens et des espérances de l'âme, c'est, comme dirait Leibniz (1), pur psittacisme et s'ils font leur devoir, c'est sans réflexion, sous l'impulsion de l'instinct moral. Fénelon avait raison d'écrire que la nature n'a point attaché au cœur de l'homme le désir de la béatitude surnaturelle qui consiste dans la vision intuitive et l'amour consommé de Dieu : la grâce seule, fondée sur une promesse entièrement libre et gratuite, nous fait y aspirer librement (2). Traduite en langage purement philosophique, que signifie cette affirmation, sinon que les hommes n'ont pas le courage de convoiter les joies du ciel, et que, condamnés à une telle récompense, ils tourneraient des regards désespérés et lascifs vers le paradis d'Indra et de Mahomet? L'immortalité morale, c'est la vie de devoir : dès qu'ils la connaissent, ils en ont peur ; et leur proposer comme prix de

(1) Cf. Malebranche, *Morale* 2e partie VIII, 9.
(2) Op. cit. p. 69.

la sagesse, la sagesse même qui les effraie, c'est peut-être les encourager plutôt au mal qu'à la vertu.

Vainement dira-t-on que dans ces régions supérieures la liberté et la nature pourront se réconcilier, que l'âme ne sera pas réduite à l'existence impersonnelle et immuable, qu'elle emportera une part de sa forme individuelle, mais seulement la meilleure, les inclinations délicates qui ne contrarient pas le sentiment moral, et paraissent au contraire le fortifier. L'âme sera Dieu (1) : mais elle sera encore elle-même. Le moi naturel dont nous souhaitons ardemment l'éternité ne sera pas détruit : il ne sera qu'épuré. L'âme sainte ne rencontrera plus d'obstacles ni de difficultés à faire le bien, et cependant elle aura conscience encore de son unité distincte et de son activité individuelle. Nous sommes prêts à reconnaître la beauté fortifiante de ces croyances, et nous rendons pleine justice à la hauteur de sentiments qui les inspire : mais quelle preuve donnera-t-on de leur justesse, et quel espoir a-t-on qu'elles séduisent davantage les couches inférieures de l'humanité ? Surnaturelle ou non, morale ou esthétique, la vie délicate n'a point de charmes pour le grand nombre qu'on veut retenir par cet appât dans la voie du bien ; et ceux qui en goûtent la beauté froide n'ont pas besoin d'autre récompense. Pour aimer ces jouissances pures, il faut être capables d'aimer le devoir de la pratique duquel elles dérivent peut-être, en sorte qu'on n'échappera jamais à l'alternative suivante : le culte éternel de la justice, sans trouble ni défaillance est un prix seulement pour l'âme désintéressée qui n'en a pas besoin, et une punition pour l'âme mercenaire qu'on voudrait exciter par lui à la pratique du bien.

Notre tâche n'est pas encore achevée : ce que nous avons fait pour l'illusion du droit absolu, il faut le faire aussi pour cette illusion qu'on prétend être plus enracinée au cœur des hommes ; il faut montrer qu'aucun système moral ne réussit à lui assurer la valeur d'une croyance logiquement justifiable.

Le déterminisme n'a aucun argument pour soutenir la nécessité d'une autre existence : dans ces derniers temps, on a essayé d'employer, pour démontrer l'immortalité de l'âme, le principe

(1) Je ne trouve plus de moi, dit Ste-Catherine de Gênes ; il n'y a plus d'autre moi que Dieu. Cité par Fénelon, art. 35.

universellement admis de la persistance de la force. Mais, outre l'hypothèse métaphysique qui consiste à le croire inviolé dans l'enceinte même de la nature physique, on en fait une autre en assimilant la force psychique à la force mécanique : et enfin on n'aperçoit pas le véritable point de la question. Il ne s'agit pas de savoir, en effet, ou du moins les hommes ne tiennent guère à en être sûrs, s'il y aura éternellement dans l'univers la même quantité de pensée et de sentiment : ce qu'ils voudraient voir demeurer identique, et persister après la mort, c'est la répartition de ces forces psychiques en moi distincts ; ce n'est pas la perpétuité de leur espèce qu'ils désirent, mais celle de leur individu.

Le réalisme n'est guère plus heureux dans ses efforts ; pour cette doctrine, on le sait, l'acte vertueux est l'acte par lequel est effectivement atteinte la fin morale, le Souverain Bien. Or, la même difficulté a lieu ici que dans le conceptualisme. Le bien est-il réalisable dès cette vie : il n'est pas nécessaire alors d'en supposer une autre. Si au contraire le bien est maintenant au-dessus de leurs forces, le devoir ne regarde pas les hommes ; ils n'ont qu'à attendre, peut-être qu'à hâter le commencement d'une vie meilleure où le but moral leur sera accessible ; jusque là le repos, l'inertie est pour eux de droit et même d'obligation. Si enfin, comme il est vraisemblable de le croire, quelques-uns ont dès à présent les lumières et les qualités requises pour être bons, ceux-là, par une conséquence singulière, sont précisément frustrés de l'espoir d'une autre vie : ils ont reçu dès celle-ci le privilége de la vertu, et n'ont plus rien à exiger ; la pratique, même partielle du bien, l'acheminement vers l'idéal de la conduite humaine, bien loin de nous créer des droits à l'immortalité, les diminue et finit par les supprimer : tout progrès vers le bien suprême est un progrès vers l'anéantissement. En revanche, si personne ne doit définitivement mourir avant d'avoir eu son lot de sagesse, la foule ignorante et vicieuse est assurée d'être immortelle ; et, plus nous serons méchants, plus nous aurons de raisons d'attendre une vie de réparation et de relèvement. Je ne vois pas de raison, dit un éminent écrivain, pour que les Papous soient immortels. C'est précisément l'inverse : les Papous et les coupables ont tant besoin de devenir plus beaux ou meilleurs, ils sont si loin du type idéal de l'espèce humaine, qu'on peut leur garantir sans crainte non pas une, mais plusieurs vies futures pour leur permettre de s'en approcher.

Enfin une dernière conception de l'immortalité, généralement répandue chez les personnes peu éclairées, consiste à la regarder comme une récompense accordée à ceux qui ont vaillamment et docilement supporté l'épreuve de la vie : faire son devoir sur terre n'est que le moyen d'acquérir le bonheur au ciel ou d'éviter des peines éternelles. Bien des fois, par des écrivains religieux ou philosophes, il a été fait justice de ces idées intéressées. Il est trop clair qu'elles détruisent la moralité (1) sans persuader l'intelligence : pourquoi, en effet, cet ajournement du bonheur à une autre existence, et par quelle décision mystérieuse une volonté qu'on se plaît à croire infiniment bonne nous ferait-elle gagner la félicité par le moyen de la souffrance ? S'amuserait-elle donc du spectacle de la difficulté vaincue ? et sommes nous là, vivons-nous et mourons-nous, comme les gladiateurs du cirque, pour distraire son éternel ennui ? On parle volontiers dans certaines écoles du caractère moral de la douleur, et des droits qu'elle garantit légitimement à ses victimes : nous avons fait voir plus haut l'origine de cette affirmation. Elle vient de la confusion établie entre la douleur qui suit l'infraction aux règles de la prudence naturelle ou l'abstinence volontaire d'un plaisir dangereux, et la douleur qui accompagne par accident (2) l'obéissance au devoir. Une telle confusion est injustifiable : sans doute la souffrance, quelqu'en soit l'origine, peut nous préparer à sortir triomphants des épreuves de la vie et constitue un utile exercice contre les tentations et les faiblesses coupables ; mais elle a produit tout son résultat moral, quand elle nous a fortifiés de la sorte. Elle n'est, même pas maintenant, une condition indispensable de la vertu, et ne lui assure dans l'avenir aucune prérogative ; elle n'est qu'une fatalité physique ou psychologique, indépendante du devoir, et qui saurait bien sans lui faire des malheureux. C'est ce qu'on en peut dire de moins amer et de plus résigné. Jointe au contraire à la vie présente comme une fantaisie impitoyable, mise dans la vie future comme une menace, ne semblerait-elle pas en même temps condamner l'homme au vice le plus dégradant, la peur, et justifier les fières paroles où Stuart Mill revendique le droit de la personne morale

(1) Telle que nous l'avons définie.
(2) Nous prenons le mot au sens d'Aristote.

même contre la Force toute puissante. « Je n'appellerai jamais bon
un être qui n'est pas ce que j'entends par ce mot, quand je l'applique à mes semblables, et, si un tel être peut me condamner à
l'enfer parce que je refuse de l'appeler bon, en enfer j'irai (1) ».

On nous accusera peut-être de rabaisser à dessein cette théorie
de l'immortalité, et de refuser d'en voir les côtés élevés. Il est
vrai, comme dirait Leibniz, qu'elle peut être prise dans un bon
sens, et interprétée d'une manière plus favorable à l'abnégation
de ceux qui l'ont admise. L'espoir d'une vie éternelle n'est pas
seulement l'attente intéressée d'un salaire transcendant : c'est la
preuve d'une confiance filiale dans les ordres d'une miséricorde
infinie, le désir de recommencer une vie meilleure plus près du
Père qui est aux cieux. Les félicités éternelles sont des marques de
satisfaction paternelle qu'on aime et qu'on désire pour plaire à Celui
qui les accorde; les peines sont les marques d'une colère attristée
qui nous afflige plus encore que le châtiment. C'est là, il est vrai,
le sentiment de ceux que la théologie appelle les justes enfants
par opposition aux justes mercenaires; les premiers n'attendent
pas la béatitude comme un dédommagement de la vertu, et ne la
distinguent pas d'avec la vertu même; mais leur foi au devoir,
c'est-à-dire à Dieu, presque indifférente à la vie future, et qui ne
serait pas troublée par la perte de celle-ci, n'en saurait prouver
la nécessité morale. Les seconds avilissent, autant qu'il est en
eux, la pratique du bien, dont ils font, d'une façon parfois naïve
et non sans quelque appréhension sur l'exactitude de leur débi-
teur céleste, une créance amortissable dans l'éternité : mais,
en bonne logique, leur avidité inquiète ne peut tenir lieu d'une
démonstration.

Il faut en prendre son parti : la loi morale, qui nous prête cette
vie pour l'accomplissement de la justice, n'a pas promis de nous
en donner une autre pour l'assouvissement de nos passions. Règle
absolue du monde, le devoir ne peut manifester sa puissance en
nous accordant d'autres existences d'où il serait lui-même exilé.

Est-ce à dire qu'elles soient impossibles et indémontrables?
Loin de là, et notre thèse n'entraîne point cette conséquence;

(1) *Examen de la philosophie de Hamilton*, p. 119. La traduction est
de M. Ollé-Laprune. *La Certitude morale*, p. 198.

nous affirmons seulement que l'immortalité n'existe pas pour des raisons morales. Comme l'enseigne l'Eglise, elle est un don purement gratuit de Dieu : par un miracle, il peut nous accorder, si bon lui semble, après cette vie condamnée aux passions, une vie pure et cependant individuelle et naturelle, où nous jouirons d'un bonheur réel, conforme à nos aspirations terrestres. Mais on conviendra que la morale est étrangère à ces espérances. Le devoir n'a pas d'autre résultat, ni d'autre récompense que lui-même ; la vertu veut rester gratuite. Elle ignore le paradis.

CHAPITRE II

LA SPONTANÉITÉ MORALE.

Est-il nécessaire d'admettre, comme quatrième postulat de la moralité, une faculté spontanée et intuitive, capable d'interpréter immédiatement la loi morale et de l'appliquer aux cas particuliers ? — Hypothèse d'une conscience morale ou instinct moral guidant l'homme sans le secours de la réflexion. Critiques qu'on a faites de cette doctrine : est-il vrai qu'elle laisse la société sans défense, et l'agent sans aucune règle ?

Difficultés du réalisme : il laisse l'agent dans une ignorance involontaire et cependant coupable, il encourage l'intolérance des individus et de la société. — Difficulté réelle du formalisme, tirée du silence ou des variations de la prétendue conscience morale ; comment celle-ci est réduite à s'inspirer de doctrines étrangères à la vraie morale.

Nécessité d'une critique de l'instinct moral, et de la substitution de règles scientifiques. — Difficulté de trouver de telles règles. — Elles doivent servir à juger les inspirations naturelles. — Lien des motifs intérieurs à la conduite extérieure. — Nécessité d'une étude plus approfondi e des suggs tions et des motifs empiriques.

Des trois qualités qui paraissent requises pour permettre à l'homme la pratique du bien, une seule nous a semblé vraiment nécessaire, la liberté ; le droit n'est que désirable, et l'immortalité est inutile. Quel usage l'homme doit-il faire de sa liberté : dès que celle-ci agit, elle ne peut, il est vrai, produire que des actes moraux. Mais ces actes n'étant que les résolutions, il faut rechercher à quelles actions physiques s'applique légitimement la forme de la résolution morale. L'intention vertueuse est-elle indifférente absolument aux résultats des desseins qu'elle inspire, ou existe-t-il des règles qui lui tracent un domaine hors duquel elle ne peut s'exercer et se manifester physiquement ? C'est la question essentielle de la morale, et malheureusement la plus difficile à résoudre ; car l'union du physique et du moral, de la nature et de la liberté dans un même agent, menace d'incertitudes et d'obscurités la science éthique, en la condamnant à prendre un de ses points d'appui dans l'expérience humaine.

Le premier moyen d'échapper à cette difficulté est d'admettre un quatrième postulat, une quatrième condition de la moralité, antérieure à tout effort vers le bien. La liberté, dirait-on, est un pouvoir pratique d'agir, pouvoir absolu qui se détermine selon la règle, mais qui ne peut être considéré comme excité du dehors à se déterminer ; elle doit donc avoir le caractère d'une activité spontanée qui va d'elle même, sans autre raison qu'elle même, à telles ou telles résolutions : celles-ci ne peuvent manquer d'être réellement morales, et les actes qui les suivent seront également des actes vertueux ; on formera de ces résolutions un ensemble de préceptes, et on obtiendra ainsi un code moral. « Si on admet, dit Kant (1), que la raison pure puisse posséder un principe pratique, c'est-à-dire suffisant pour déterminer la volonté, il y aura des règles pratiques ». Deux ou plusieurs fins se présentent ensemble à l'imagination comme possibles, la liberté ou raison pratique aperçoit par intuition laquelle doit être poursuivie conformément à l'Impératif catégorique et tend spontanément à l'atteindre, en essayant de surmonter la résistance des passions.

La conscience que nous avons de cette tendance indélibérée vers un but s'appellera la conscience morale, et on pourra dire qu'elle suffit à nous tracer des règles de conduite. Il y aurait ainsi, écrit Fichte, un sentiment de la vérité et de la certitude, seul critérium absolu de la rectitude de nos convictions à l'égard du devoir ; ce sentiment immédiat et absolu ne trompe pas et ne peut jamais tromper (2). Il joue un rôle indispensable en morale, même dans la doctrine réaliste, où la connaissance du Souverain Bien semblerait devoir suffire à établir des préceptes stables. Il se plie à l'insuffisance de nos déductions logiques, et lorsque le raisonnement a cessé de prescrire et de démontrer nos devoirs (3), il nous avertit qu'il y a encore quelque chose à faire et invente de nouvelles obligations. Il est le héraut et le messager de Dieu (4) ; au jour du jugement, s'il nous rend témoignage, ni la présence de Dieu, quoi-

(1) *Kritik*, S. 18 Cf. 110 et *Grundlegung*... S. 81.
(2) Op. cit. S. 217. 220, 225, 226, 231.
(3) *La Morale*, p. 123.
(4) Saint Bonaventure.

que majestueuse, ni celle des démons, quoique effrayante, ne seront plus capables de nous troubler (1). Les Écossais l'admettent sous le nom de sens moral, Rousseau et ses disciples le célèbrent en termes presque lyriques ; des moralistes plus froids et contraires à la morale formelle en reconnaissent l'autorité indispensable. Le discernement du bien et du mal, écrit M. Janet, n'est peut-être lui-même qu'un instinct(2); et cet instinct ne nous révèlerait pas seulement la notion surnaturelle du devoir ; il nous ferait intuitivement connaître les moyens naturels par lesquels nous l'appliquerons de mieux en mieux et de plus en plus. Les devoirs particuliers nous seraient enseignés comme le devoir lui-même: chaque homme, par cela même et en même temps qu'il est libre, posséderait une science infuse de la morale.

Le conceptualisme ne renferme rien dans son principe qui lui interdise de pareilles assertions ; elles sont même directement inspirées par la doctrine de l'intention, obscurément présente dans toutes les consciences. Le précepte fondamental : Fais ton devoir pour faire ton devoir, est assez vague pour qu'on puisse supposer que l'instinct moral est capable de le décomposer en commandements particuliers. Il y aurait plusieurs formes ou plusieurs matières de l'Impératif catégorique, qu'on réaliserait d'une manière parfaitement morale, tant que l'on ferait de la réalisation de ces fins, les résultats et non les buts de l'obéissance à la loi : il suffirait de remplir ses devoirs avec l'intention de faire son devoir ; on serait ainsi absolument fidèle à l'esprit du formalisme.

Un des philosophes les plus dédaigneusement hostiles à cette doctrine, Schopenhauer, affirme, sans paraître apercevoir les conséquences de son assertion, cette pluralité indémontrée des impératifs moraux, quand il dit que tous les commandements éthiques se résument dans cette formule : *neminem læde, imo omnes quantum potes juva.* Ce sont là assurément deux devoirs bien distincts : l'auteur du *Fondement de la morale* affirme qu'ils ont tous deux leur origine dans le sentiment qui, à ses yeux, inspire seul la conduite vertueuse, celui de la pitié. Mais comme, de l'aveu de l'auteur, le phénomène de la pitié est un mystère, et

(1) Bourdaloue. *Sermon sur le jugement de Dieu,* t. IV. p. 360.
(2) *La Morale,* p. 205.

que l'obligation d'y céder est encore plus mystérieuse, nous sommes autorisés à dire que l'Impératif catégorique se glisse encore ici chez son plus méprisant adversaire, non pas même sous une forme simple, mais doublement répété.

Nous ne croyons pas très difficile d'expliquer cette première analyse du principe moral, ces premiers oracles de la conscience : ils semblent avoir une origine historique qu'avec un peu moins de confiance en ses affirmations, Schopenhauer eût réussi à mettre en lumière. Il y a ici comme une application intellectuelle de l'axiome de la moindre action, et l'intelligence, en imaginant ces devoirs comme corollaires du devoir en général, suit son plus court chemin. L'homme, en effet, ne vit pas seul, et ne vit pas seulement, quelque bonne volonté qu'il ait, suivant les lois morales : il est environné d'hommes semblables à lui, de qui la nature ne lui permet pas de s'isoler, qui prennent, de gré ou de force, un rôle dans son existence. Ils sont naturellement ses pareils par la similitude de l'organisation sensible ; et moralement, ils le sont encore davantage par le caractère d'impersonnalité qui distingue l'acte libre. L'être raisonnable, écrit Jacobi, ne peut comme être raisonnable in abstracto se distinguer d'un autre être raisonnable. Moi et l'Homme nous sommes un ; Lui et l'Homme sont un; donc moi et lui nous sommes un (1). Soit donc que nous considérions en nos semblables la nature sensible ou la liberté morale, l'idée de notre bonheur ou l'idée de notre vertu suggère celle de leur bonheur ou de leur vertu ; et nous concevons par le moindre effort de raisonnement possible que ce qui est le but de notre activité dans l'un ou l'autre de nos deux mondes, soit aussi le leur. Il faudrait une dépense d'imagination considérable pour arriver à supposer que des êtres analogues ou identiques à nous poursuivent des biens différents. Sans doute cette représentation théorique du bien d'autrui n'est pas encore l'obligation d'y concourir : mais l'idée de celle-ci naît promptement, et semble-t-il, par la même loi de l'esprit. Lorsque la nature met en conflit les intérêts d'un autre et les miens, d'abord sous la forme de l'instinct, ensuite presque toujours par l'intermédiaire de la réflexion, elle me suggère le désir de défendre les miens : si j'ai conçu l'idée

(1) Op. cit. S. 80.

d'une activité surnaturelle et obligatoire, je jugerais qu'elle doit
se manifester par des effets contraires à ceux des impulsions naturelles. La raison pratique ne doit pas doubler l'instinct : l'œuvre
morale est nécessairement opposée à l'œuvre physique, elle aura
donc dans la grande majorité des consciences le type altruiste ;
égoïstes par nature, nous devinerons que le devoir, qui est la
négation de la nature, a pour première forme la charité.

Assurément ce n'est pas là une démonstration ; c'est l'expression de la manière empirique et par conséquent contingente dont
l'humanité forme ses jugements moraux les plus simples.
Aussi, en fait, on nous accordera peut-être que les articles primitifs du code éthique commandent l'exercice du dévouement,
mais, outre que la volonté de se dévouer au bien d'autrui peut conduire à des actes judiciairement répréhensibles, en droit, on contestera que la conscience édicte toujours et partout de tels commandements. Il y aura, sans nul doute, des exceptions, des déro-
gations à cette loi de la déduction morale : l'Impératif trop
général du devoir ne s'énoncera pas si simplement dans toutes les
consciences. Et, s'il n'y a pour l'agent moral d'autre guide que
cet instinct par lequel il est poussé sans raison à faire ce qu'il
juge son devoir, si la volonté et la conviction qu'on a d'agir moralement suffisent à rendre l'action vraiment vertueuse, les fantaisies
les plus étranges qui naîtront dans un cerveau malade ou exalté
seront regardées comme légitimes. L'intention d'agir par devoir
couvrira de son caractère sacré les actes ordinairement réputés
les plus coupables. Que de telles idées, dit M. Wiart, rencontrent
une âme à la fois passionnée et contemplative, dont l'imagination
ardente exalte et raffine les sentiments naturels, alors elles auront
certainement pour effet de développer, de consacrer une tendance
dangereuse ; elles achèveront de fausser la conscience, en lui faisant prendre pour ce dictamen infaillible qu'on lui promet, les
aspirations vagues et le plus souvent égoïstes de l'imagination et
du sentiment (1). Les périls pratiques d'une telle doctrine sont
manifestes : elle enlève toute efficacité à la morale, et toute sécurité à la vie. Si c'est l'intention qui fait la moralité de l'acte, et si
l'intention peut s'attacher indifféremment à tous les actes au gré

_____

(1) Op. cit. p. 457.

des individus, il suffira, dit M. Janet, d'une bonne intention pour justifier une mauvaise action : il suffira donc, comme on dit, de diriger son intention dans un bon sens, pour que le mal devienne le bien ; en d'autres termes, on arrive bien vite à ce principe dont on sait assez les dangers : « la fin justifie les moyens » (1). Laissons de côté les sophismes par lesquels, à l'abri d'un tel principe, une âme sans délicatesse excusera, glorifiera même ses propres fautes. D'honnêtes gens, agissant dans toute la sincérité de leur âme, commettront sans scrupule les actions réputées les plus mauvaises, les plus nuisibles au salut public. Une société de saints, écrit spirituellement M. Marion, pourra devenir un enfer. Aucun jugement, aucune répression n'est plus possible : comment apprécier un acte, alors que la valeur unique de cet acte réside dans le motif qui l'inspire, dont son auteur a seul le secret ? comment le punir, puisque, faute de cette connaissance indispensable, le juste pourrait être châtié, et le méchant récompensé ? La liberté morale ainsi comprise produit les mêmes résultats que la liberté d'indifférence : la destruction de tout ordre social et de toute véritable responsabilité.

Tels sont les reproches que l'on adresse à la doctrine de l'intention : on ne peut nier qu'ils ne contiennent une part de justesse : mais il s'en faut bien, croyons nous, qu'ils soient absolument légitimes, ni surtout qu'aucune autre théorie échappe à ces inconvénients, ou à de pires encore.

Supposons un moment que les conséquences précédentes soient très logiquement déduites : qu'en résulterait-il ? La sécurité sociale est compromise par la morale et avec elle le bonheur public : mais où prend-t-on le droit de décider que les règles de la morale sont les règles du bonheur, et de condamner comme injustes tous les commandements qui y seraient nuisibles ? Si réellement la félicité du genre humain est rendue impossible par l'observance de l'Impératif catégorique, c'est que l'Impératif ne doit pas avoir pour résultat cette félicité. Cela est fâcheux sans doute pour notre sensibilité : qu'importe à notre raison pratique ? J'ajoute qu'une société de saints, quelques fantaisies morales que se permissent ses membres, pourrait fort bien rester heureuse : car elle serait,

(1) *La Morale*, p. 351.

par essence, une société de gens résignés au sacrifice de tous les
biens naturels, toujours prêts à faire abandon de leurs droits et
de leur vie, et qu'on ne réussirait à émouvoir, ni par l'espérance,
ni par la privation d'un bonheur auquel ils ne songent pas. Extérieurement une telle société présenterait peut-être l'apparence du
désordre et des souffrances : dans le fond des consciences vertueuses tout serait paisible et souriant. Nous ne savons pas prendre
notre parti de renoncer au bonheur : c'est cela, c'est ce dernier
reste d'immoralité qui nous rend malheureux.

Mais si, abandonnant l'emploi exclusif du raisonnement in abstracto, on veut consulter les faits, faire à l'expérience sa part et
se contenter, pour les préceptes particuliers de la morale, d'une
autorité non pas universelle, mais très générale, on réussira sans
doute à faire voir l'exagération de ces critiques. Considérons
d'une manière concrète l'individu humain et la société humaine,
et voyons si l'un sera aussi embarrassé d'agir, et l'autre de juger
qu'on le prétend.

La conscience morale de l'individu, dit-on, ne lui dicte aucune
action déterminée ; elle ne peut tirer aucune règle précise d'une
loi première trop vague ; elle l'autorise à joindre l'intention
morale à toutes ses démarches physiques. Mais on oublie que si
l'homme ne trouve pas dans sa raison pratique un ressort qui le
pousse à tels ou tels actes, la nature et l'engrenage social où il
est pris le lui fournissent à chaque instant. Or, il a une infinité
de motifs naturels d'agir, motifs dont plusieurs sont évidemment
contraires à l'esprit de la loi morale, et que le sens intime
suffit à lui révéler. Sans doute la conscience pénètre mal dans les
profondeurs de l'âme ; elle est un instrument trop grossier pour
suivre les métamorphoses subtiles et délicates des motifs de nos
actions. Moralistes religieux ou profanes, tous insistent à l'envi
sur cette impuissance. « Il s'en faut bien, écrit La Rochefoucauld,
que nous connaissions tout ce que nos passions nous font faire »(1),
et Bossuet : « Il y a deux cœurs dans le cœur humain ; l'un ne sait
pas les pensées de l'autre... Il est vrai que souvent on ne sait
pas pourquoi on agit ; et si on pouvait se connaître parfaitement
soi-même et tous les motifs qui nous font agir on aurait cette

(1) *Max.* 460.

certitude de sa justice que le concile de Trente ne veut pas qu'on puisse avoir dans cette vie (1). » Bourdaloue a écrit un sermon sur la Fausse conscience où il dévoile la substitution progressive des erreurs demi-volontaires aux premières vues que nous avons eues du bien et du mal, et Kant enseigne qu'il est impossible à l'homme d'apercevoir les profondeurs de son propre cœur, trop cachées qu'elles sont pour qu'il puisse jamais être parfaitement sûr de la pureté de son dessein moral et de la sincérité de son intention, même dans une seule action (2). Il semblerait donc que l'homme, continuellement victime des illusions du sens intime, en pourrait jamais se proposer à coup sûr une action vraiment morale, puisque, suivant l'intention qui la dicte, la même action sera tour à tour bonne ou mauvaise; et que cette intention échapperait toujours à notre examen intérieur. Mais il faut prendre garde d'exagérer le défaut d'acuité de la conscience : peut-être se trompe-t-elle plus encore sur nos sentiments, regrets et espérances, que sur nos motifs. Le soin même qu'on prend de dénoncer ses imperfections pourrait bien venir d'un désir secret d'échapper au joug de sa clairvoyance ordinaire et d'affaiblir ses reproches. Dans les circonstances difficiles, chez les âmes complexes, qui cependant en raffinant leurs passions ont aussi raffiné l'instrument qui les analyse, le doute naîtra sur la vraie nature de l'intention; mais dans le train ordinaire de la vie, à propos de ces devoirs que Kant appelle des devoirs de droit et dont l'observation suffit à la justice et à la sécurité sociale, combien verra-t-on de cas où l'attentat aux propriétés et aux personnes soit suggéré au coupable par un motif qu'il ne démêlerait pas et qui pourrait être confondu avec un motif moral. Les péchés et les vertus inconnues dont parlent les sermonnaires n'appartiennent pas à la sphère inférieure de la légalité où l'appétit seul et la passion manifeste engendrent les infractions à la règle.

Mais ces péchés et ces vertus mêmes ne sont pas si difficiles à expliquer qu'on l'affirme : à défaut d'oracles suffisamment clairs de la conscience, la réflexion et la logique nous apprennent à suspecter les prétendues intentions morales; elles mettent en

---

(1) *Sur l'intégrité de la pénitence,* t. XIII, p. 147, et *Lettres de direction,* t. XXXIX, p. 184.
(2) *Doctrine de la vertu,* p. 34.

éveil et guident la faculté d'examen intérieur. Celle-ci chez la grande majorité des hommes obéit aisément, se plie et se façonne aux règles posées par la société dans l'intérêt public : elle admet la hiérarchie ordinaire des devoirs et convient que les plus importants et les plus clairs ne sauraient être sacrifiés, même dans une vue morale, aux plus larges et aux moins pressants. Souvent aussi, comme l'explique M. Janet (1), l'action qu'on ferait par devoir est contradictoire ; les moyens employés détruisent la fin à atteindre : par exemple, l'action de faire des dettes sans les payer, afin d'exercer la charité, ou de massacrer les infidèles en l'honneur de la bonté divine, ou de renoncer au dévouement, parce que, poussé jusqu'à l'abandon de la vie, il rend désormais impossible la moralité. On le voit, si la raison pratique se tait, la raison théorique suffit bien souvent à éclairer l'agent, et à former en lui une science de la conscience et de l'intention.

Pour ce qui est de la société, et de la conduite qu'elle doit tenir devant les actes de ses membres, les accusations de péril public portées contre la morale formelle ne sont pas beaucoup mieux fondées. On dit que le spectateur d'une action quelconque ne pourra porter aucune appréciation sur elle, puisqu'il en voit le résultat, et non le motif : quand cela serait, on peut répondre avec M. Janet, que cela nous importe peu, n'étant pas chargés du jugement, mais de l'action (2). Et, comme à l'égard de nos semblables, nous sommes plutôt prodigues de critiques que d'éloges, où serait le mal si notre ignorance de la valeur des actions d'autrui nous conduisait à une indulgence réciproque plus grande, suspendait les jugements hâtifs, mettait un frein aux calomnies ? Un peu plus de bienveillance, de discrétion et de charité introduite par la morale formelle dans les rapports sociaux ne suffirait pas, je pense, à la faire condamner. Mais de plus, il n'est pas exact de prétendre que nous ne discernions jamais l'intention véritable dans laquelle un acte a été commis : elle se révèle souvent dans les actes qui le suivent, qui sont la fin à l'égard de laquelle le premier acte n'est qu'un moyen. Un assassinat suivi de vol ou de viol, par exemple, laissera peu de doute sur le mobile qui a inspiré le coupable, et jugeant d'après les règles les plus ordinaires de la con-

(1) Op. cit., p. 302.
(2) La Morale, p. 182, Cf. 505.

duite humaine, on prononcera avec une confiance presque absolue que le mobile du crime a été la cupidité ou la luxure.

Mais enfin, dira t-on, une telle certitude n'est point parfaite : même naturellement, par suite de circonstances mystérieuses, il arrive que nos fautes ont des causes bien plus subtiles, et que nous cherchons parfois à tromper les autres sur leurs vrais motifs; par suite, qui prouve que la fin criminelle conçue et poursuivie par le prétendu coupable n'était pas vertueuse à ses yeux, et ne justifiait pas devant sa conscience les moyens qu'il a employés? On nous accordera du moins que l'instinct moral, dont la formation est, comme nous le verrons, une affaire d'expérience et non une création arbitraire, a rarement des suggestions d'une nature si extraordinaire, à la fois conformes à l'ordre moral et contraires à l'ordre public : du reste, le cas échant, en face de ces innocents qui entendraient la vertu de façon si singulière, la société ne serait nullement désarmée. Ne prend-elle pas tous les jours et sans scrupule des mesures préventives et correctives contre des innocents dangereux, qui sont les fous? Et à quoi reconnaît-elle la folie, si ce n'est au désaccord flagrant qui se manifeste entre les appréciations du malade et celles du plus grand nombre sur les faits de la vie ordinaire? De même, en respectant la vertu de l'agent responsable d'attentats sociaux, elle le déclarerait atteint d'une folie intellectuelle, dangereuse à l'ordre et à la moralité publiques, et le ferait enfermer, décapiter même, si elle avait une foi absolue dans le dogme de la vie future. Il n'y a pas là ombre d'oppression, si l'on admet, comme nous avons essayé de le démontrer, que la justice humaine n'est qu'un rouage social, destiné non pas à assurer l'expiation impossible des crimes, mais à en prévenir les effets anti-sociaux : fondée sur le déterminisme, elle se réhabilite moralement par la fin en vue de laquelle elle peut être instituée, et qui est le maintien du contrat social, protecteur de la vertu. Aucun droit légitime n'est violé chez l'aliéné innocent : il reste sous les verrous capable de moralité. Il perd sans doute la faculté de manifester physiquement sa liberté comme il l'entend : mais si la loi morale ne prescrit aucun acte déterminé, cette impuissance qu'on lui reproche comme son défaut principal, sert précisément à sauvegarder la sécurité sociale. L'homme qui, pour une infraction qu'il croit morale aux prescriptions législatives, est mis en prison, n'a aucune réclamation à faire entendre. Il reste capable de moralité : la matière de sa vertu est changée, voilà tout. Elle lui est imposée par les circonstances nouvelles où il est placé ; il aura toujours des passions à vaincre, peut-être de bons offices à rendre à ses compagnons de captivité ; et si le nombre des occasions de bien faire diminue pour lui, le nombre des occasions de pécher diminue également. L'État peut donc prendre contre les fanatiques toutes les mesures que lui commande son devoir fondamental, qui est d'assurer au plus grand nombre possible de ses membres le respect de leurs droits.

Le péril social, plutôt redoutable d'ailleurs en théorie qu'en pratique, si l'on tient compte du mécanisme suivant lequel se prennent d'ordinaire nos décisions, n'est donc pas imputable à la morale formelle : ne se trouve t-il pas au contraire dans les autres morales, et les reproches adressés aux disciples de Kant ne se retournent-ils pas contre ceux même qui les émettent ?

On accuse l'Impératif catégorique d'être une règle trop vague pour engendrer aucun précepte positif, et d'autoriser ainsi chacun à s'imaginer son devoir sous la forme qu'il lui plaît. Il semblerait donc que le réalisme, une fois posé son postulat d'un souverain bien, réussit à en déduire des règles invariables. Les moralistes de cette école reconnaissent pourtant que l'idée du devoir n'est pas la même chez tous les hommes, dans tous les temps, dans tous les lieux, que la vertu est créatrice, qu'elle a des divinations d'un monde meilleur contre lesquelles se révolte la sagesse traditionnelle, et qu'elle est exposée à de fausses hypothèses ou à des hypothèses incomplètes ; ils avouent qu'il existe deux sources de la morale, la dignité humaine et la fraternité, et qu'aucune déduction morale n'est possible si l'on n'admet comme un fait premier et indubitable, intuitivement aperçu dès l'origine de la société humaine, cette communauté spirituelle qui unit les hommes et en fait un seul corps (1). Mais en vérité, s'il y a là une affirmation universelle présente à toutes les consciences, pourquoi la morale formelle n'aurait-elle pas, comme les autres doctrines, le droit de s'en servir et d'en tirer des règles absolues ? et si ce n'est qu'une croyance généreuse, mais arbitraire, quel commandement apodictique, supérieur aux inspirations individuelles,

(1) *La Morale*, p. 205, 239, 441, 125.

peut édicter une théorie qui en fait la condition sine qua non, la pierre angulaire de toute législation morale ?

La nécessité de postulats indémontrés, d'oracles de la conscience existe donc en dehors du conceptualisme; et cette nécessité n'a pas pour compensation une appréciation plus facile des actes humains. Il n'est pas aisé, nous l'avons avoué, de reconnaître si un acte est inspiré par une pensée d'obéissance à la loi ; il l'est encore moins de savoir s'il est conforme à la matière de cette loi. Admettons qu'on n'ait aucun doute sur la fin dernière à l'égard de laquelle l'accomplissement du devoir n'est qu'un moyen ; supposons qu'elle soit la plus simple même de toutes, le bonheur personnel : ne faudrait-il pas une science infinie des personnes et des choses pour discerner le véritable caractère des actes qu'on s'imagine devoir être utiles ? Que de fois les événements déjouent nos calculs, changent en catastrophes les félicités espérées : la réflexion la plus patiente ne sert pas beaucoup plus que l'imprévoyance, et si le bonheur est le but de la morale, nous sommes trop ignorants pour être heureux et moraux.

Nous le sommes trop également, pour que la société puisse prendre des mesures préservatrices contre les ennemis de l'ordre public. Il n'y en aurait point d'efficaces : on accuse la morale formelle d'autoriser la fameuse maxime : la fin justifie les moyens. Si, en effet, je conçois un acte comme obligatoire, je dois l'accomplir, même au prix d'injustices apparentes : mais, outre que cette difficulté est inévitable et la maxime légitimement applicable quand il se produit un conflit entre les devoirs, et quand de deux obligations il faut sacrifier la moins pressante à l'autre, elle embarrasse d'autant plus la conscience que la fin qu'il s'agit de poursuivre est considérée par l'agent comme un but extérieur, qu'il ne faut pas seulement viser, mais atteindre. Dans ce dernier cas, la fin justifie les moyens, non seulement subjectivement, mais objectivement : le scrupule à leur égard, le doute n'est pas permis ; si la moralité réside exclusivement dans la possession d'un certain bien, il faut per fas et nefas, sous peine de déchéance morale, que ce bien vienne en notre pouvoir. L'agent ne peut pas arguer de sa bonne intention, ou des hésitations de sa conscience ; qu'une fin lui paraisse bonne en elle même, mais exige des moyens injustes, le formalisme l'autorise à s'abstenir ; car il ne commande aucune démarche physique déterminée. L'exécution n'a de valeur que parce qu'elle manifeste la résolution : si celle-ci, faute de lumières suffisantes, n'a pu être prise, l'agent demeurera inactif et innocent. « Avant que la conscience soit tout à fait certaine, écrit Fichte, qui contraint l'homme à agir ? S'il agit sans être sûr du témoignage de sa conscience, il agit sans conscience : sa faute est claire, et il ne peut l'imputer à rien d'extérieur (1) ». Au contraire, le réalisme n'admet point l'inaction : il pose un but qui doit être absolument atteint, et celui qui croit nettement le connaître est d'avance rassuré sur la moralité des moyens qu'il emploiera : quoi qu'il fasse, le succès l'absout. Tout lui est bon pour réussir ; il peut suivre même les suggestions de l'égoïsme s'il juge les actes qu'il commande propres à lui procurer la possession du Souverain Bien. « Il n'y a pas d'exemple ni de souvenir, écrit Buckle (2), d'un homme ignorant qui ayant de bonnes intentions et le pouvoir absolu pour les réaliser n'ait pas fait plus de mal que de bien ». Mais le mal, en pareil cas, ne vient pas de la bonne intention ; il vient d'une conception erronée de la loi morale ; une science imparfaite de la matière du devoir occasionne les excès qu'on impute faussement à l'idée d'un devoir sans matière. On se croit absolument tenu de conquérir le ciel ou d'assurer le salut public : et on assassine sans remords, sans hésitations, comme Jacques Clément ou Robespierre. Ce n'est pas la loi formelle, c'est la fin objective qui ordonne le crime (3). L'agent qui l'atteint est investi d'un caractère sacré ; celui qui, malgré son désir de bien faire, la méconnaît et se trompe de but, n'a droit à aucun respect. L'erreur ici est une faute ; l'inaction elle même est coupable.

Tel n'est pas le danger du formalisme : il prescrit de s'abstenir en cas d'ignorance, ou de laisser faire l'instinct, si, par suite des lois de la nature, une décision est absolument indispensable. Là même serait le péril de cette doctrine, dans l'extrême difficulté de commander une action déterminée au nom du seul Impératif

(1) Op. cit. S. 227.
(2) *Histoire de la civilisation en Angleterre*, ch. IV, p. 183.
(3) On peut voir d'autres exemples proposés par M. Janet, p. 351 : tous supposent que l'agent moral a choisi arbitrairement une fin du devoir qu'il croit indispensable d'atteindre matériellement.

catégorique : la réflexion ne paraît pas réussir à tirer de la règle universelle des règles particulières, et lorsque l'instinct moral la supplée, il est facile de voir qu'il n'agit pas spontanément, mais emprunte ses suggestions aux théories environnantes inspirées par les morales matérielles. Je veux un acte parce que ma raison pratique le juge bon : mais elle-même emprunte les motifs de ce jugement prétendu immédiat aux idées régnantes sur la conduite. La preuve c'est que lorsque ces idées varient, l'instinct moral varie avec elles; ses inspirations n'ont rien de primitif; elles dépendent du milieu où nous vivons, des révolutions de la conscience publique, de nos propres habitudes; elles ne se présentent pas toutes à l'esprit de tous; chaque siècle, chaque génération, chaque homme est prédisposé à en avoir de particulières. L'intention morale s'attache successivement à l'exécution de préceptes bien différents: c'est une forme qui se joint tour-à-tour, suivant les progrès de l'intelligence théorique et des sentiments altruistes, aux matières les plus diverses. Quand nous croyons agir par respect pour la loi, nous ne faisons qu'ajouter librement le motif moral à des décisions déterminées par notre caractère individuel et social : et c'est à ces causes étrangères à la vraie moralité que sont imputables les résultats physiques de nos résolutions.

Un conséquence singulière de ces explications, et de l'origine déterministe et naturelle qu'on assigne ainsi à la conscience semblerait être d'assujettir l'exercice et l'activité de l'instinct moral à la condition de se façonner sur les théories contraires ou au moins indifférentes à la morale : il ne pourrait rien commander, il resterait toujours dans la sphère des abstractions, si l'intelligence humaine n'avait su inventer par elle-même des règles de conduite, en sorte que la vertu consisterait à vouloir moralement des actions immorales, librement des actions nécessaires. Fichte semble l'admettre quand il écrit : « Je ne puis rien vouloir quant à la matière que ce que la nature voudrait elle-même, si elle était capable de volonté ; la matière de l'activité doit, dans un seul et même fait, être conforme à la fois à la pure tendance et à la tendance naturelle » (1).

Une telle affirmation, dira-t-on, est féconde en résultats dangereux pour l'ordre public. La sécurité sociale, garantie maintenant

(1) Op. cit. S. 101, 102.

par le formalisme, à cause de la nature fortuite des morales matérielles, n'est que provisoire. L'adoucissement des mœurs et les
avantages évidents de la justice ordinaire ont conduit les hommes
à ériger celle-ci en bien moral. Les conceptualistes empruntent
aux utilitaires cette conclusion, la consacrent, y puisent des inspirations favorables au bonheur commun ; mais que l'eudémonisme qu'on peut appeler terrestre vienne à s'affaiblir, qu'il cède
ou rende la place, par exemple, à des doctrines moins respec-
tueuses de nos droits légaux parce qu'elles ajournent notre félicité à une autre vie ou au néant, l'intention libre, suivant avec
docilité les variations des théories déterministes, s'attachera légitimement aux violences et aux meurtres, qui seront regardés
comme seuls utiles au genre humain. La paix publique que les
disciples de Kant prétendent assurer aujourd'hui pourrait donc
disparaître demain. Cela est vrai: mais il faut remarquer qu'en
pareille occurence, aucune doctrine ne la garantirait plus. Tant
qu'il y aura un conflit entre les diverses théories du bonheur, la
morale de l'intention pourra prescrire comme les unes des actes
dangereux, mais aussi, comme les autres, des actes avantageux
pour la société. Si, au contraire, la doctrine du nirvâna, par exemple, triomphe absolument et subsiste seule, la conscience morale
s'imaginera qu'elle nous ordonne spontanément de travailler à l'a-
néantissement universel. Mais, elle aura été devancée dans son
œuvre destructive par la morale matérielle, et quand elle s'avisera
de prescrire la ruine de la vie sociale, cette ruine sera déjà
consommée.

On objectera peut-être que ce plaidoyer ne démontre l'innocuité du formalisme qu'à la condition d'en faire une théorie
oiseuse, sans responsabilité, mais aussi sans efficacité. Il faudrait
s'entendre d'abord sur ce que doit être la véritable efficacité
d'une doctrine morale qui renferme volontairement son influence
à l'intérieur de l'âme et ne prétend pas, au moins directement,
gouverner la conduite extérieure ; mais le reproche d'inutilité
pratique adressé au formalisme fût-il fondé, qu'y pouvons-nous
faire, et en quoi cela importe-t-il spéculativement? Notre conscience morale subirait ici les conséquences de sa captivité dans le
règne du déterminisme.

La loi morale qui nous régit n'est pas purement abstraite ; elle nous gouverne sous les conditions naturelles de l'activité humaine; placés dans un monde d'origine immorale, nous sommes obligés d'en subir en partie les lois; notre tâche est de le transformer sans doute, mais cela ne nous est possible qu'en une certaine mesure, et nous sommes quittes envers le devoir si nous avons tenté d'imprimer un caractère moral à une nature aveugle, d'intercaler une résolution intérieure et libre dans la chaîne des actions physiques et nécessaires qui demeurent peut-être matériellement les mêmes sous une enveloppe différente. .

C'est faute d'être assez fermement fidèle au principe du formalisme qu'on s'étonne ou qu'on s'effraie de telles conséquences : c'est parce qu'on veut apprécier la morale par une mesure empruntée à nos besoins intellectuels et sensibles. Le commun des hommes ne résiste pas à sa surprise ou à son inquiétude devant les résultats inattendus de la doctrine de l'intention ; ils en acceptent l'idée mère, mais à la condition de l'altérer par le mélange d'autres idées simplement utiles à l'ordre social, qu'ils revêtent presque à leur insu du même caractère sacré. Dupés par la passion d'être heureux, ils n'admettent pas aisément qu'une résolution vertueuse produise des résultats matériellement nuisibles ; ils demandent qu'elle achève de se purifier par l'exécution d'un acte réputé avantageux aux intérêts communs; d'autre part, ils en reconnaissent la valeur, ils croient dans les cas embarrassants justifier les autres, et se justifier eux-mêmes par elle ; ils flottent ainsi dans l'indécision, incapables d'apprécier sainement les actes d'autrui ou même les leurs, sans avoir jamais un criterium sûr et capable de guider leurs jugements moraux.

Un tel embarras de la raison pratique appelle nécessairement l'attention du philosophe, et sa tâche est de chercher à le diminuer. Une fois qu'il a démêlé le caractère factice de la prétendue spontanéité morale, qu'il y a reconnu non les impératifs de la raison pratique, mais les suggestions de l'intelligence théorique, variables selon les lois même de l'évolution humaine, il doit tenter de suppléer, par une réflexion plus approfondie, à l'insuffisance de l'instinct, ou pour mieux dire, de l'habitude. La déduction rigoureuse, écartée au profit d'une imagination qu'on supposait libre et qui est nécessitée, reprend ses droits; de la seule idée de l'Impératif catégorique relative seulement à nos résolutions

internes, il faut tâcher de faire logiquement et non plus intuitivement sortir le commandement d'actes physiques déterminés.
Lors même que l'effort du philosophe échouerait, cela aurait peu
d'inconvénients ; lui seul demeurerait livré à l'incertitude, peut-
être à l'apathie. Car les autres hommes, qui font bien quelquefois
leur devoir, mais ne le méditent presque jamais, continueront,
après l'échec de tentatives dont ils ne se douteront même pas,
à puiser leurs inspirations pratiques dans les doctrines régnantes,
à imprimer le sceau de la bonne intention aux résolutions ordinairement commandées par les règles sociales ; et, en présence
des cas embarrassants, on peut être sûr qu'ils seront seulement
perplexes aux minutes de loisir que leur laissent les affaires ou
les divertissements : leurs réflexions ne seront pas assez longues
pour paralyser leur bonne volonté. Il n'y a donc point de danger
à courir le risque de dévoiler l'impuissance de la morale ; ceux
qui possèderont le secret de cette impuissance seront précisément
les seuls qui ne songeront guère à en profiter.

Il ne faut pas s'attendre, en effet, à rencontrer aisément les solutions que l'on cherche : cette loi éternelle, égale pour tous, quelle
que soit leur condition, accessible aux plus humbles, surpassant
en même temps les efforts des plus savants, si étendue qu'elle
peut s'appliquer à toutes les actions des hommes, si subtile qu'elle
n'est pas manifeste pour tous (1), est trop vague, à raison même
de ces caractères, pour qu'il soit facile d'en dégager des règles
précises. Fais ton devoir pour faire ton devoir, voilà l'axiome primitif et unique dont il faut trouver les corollaires. L'universalité
même que nous considérions au début de ce travail comme
la marque essentielle de l'obligation morale n'est qu'une marque
dérivée ; elle est seulement le symbole, le schème de l'autorité
absolue du devoir. Elle signifie non pas que tous les hommes sont
tenus d'être moraux, puisqu'il n'y a aucune démonstration possible, mais seulement une acceptation libre et individuelle de la moralité ; elle est un critérium par lequel nous cherchons à reconnaître si notre résolution a été vraiment prise par respect pour la
la loi, en dehors de tout intérêt personnel, de façon à être à la
portée de tous, et réellement indépendante, par suite de notre
sensibilité individuelle. En prêtant pour ainsi dire notre motif à

(1) P. Janet, op. cit., p. 437.

tous nos semblables, nous nous assurons, suivant la règle de Fichte (1), qu'il est pur de toute influence empirique, universel, absolu. Mais cette règle est d'une clarté plus grande dans la théorie que dans l'application : il n'y a pas, en effet, d'action même morale en apparence qui ne puisse être inspirée par un motif sensible, faite dans une intention de plaisir. Notre comparaison de nos raisons d'agir avec celles d'autrui ne nous donne donc pas la certitude parfaite de notre vertu, et nous sommes toujours à nous débattre dans le même cercle. Pour tirer de l'Impératif catégorique un ensemble de règles relatives à notre conduite physique, nous n'avons à notre disposition que ce précepte qu'il faut agir par respect pour la loi, c'est-à-dire par un motif qui ne puisse être emprunté à la sensibilité ; et quel est le seul motif de cette nature que nous connaissions ? le respect de la loi. Nous n'aboutissons ainsi qu'à une formule vide, qui semble incapable d'applications pratiques.

Où donc trouver des règles pour la conscience, comment lui fournir un guide dans l'examen des mobiles intérieurs qu'elle doit scruter jusqu'au fond pour ne pas se laisser duper par un simulacre d'obéissance morale ? Toutes les suggestions de fins précises à poursuivre nous viennent de la nature, et nous ne pouvons imaginer aucun devoir qu'un motif sensible ne soit capable de conseiller. Faut-il donc accepter toutes les suggestions sensibles, accomplir tous les actes qu'elles commandent, en leur imprimant seulement la marque de l'intention morale ? ou cette marque ne peut-elle réellement s'attacher pour une conscience loyale qu'à certaines inspirations? La première hypothèse conduirait à la suppression de la vie de devoir, puisqu'elle justifierait tous les actes, et n'exigerait de nous qu'une simple pensée capable d'accompagner toutes nos démarches ; la seconde, évidemment la seule vraie pour qui prend au sérieux l'obligation morale, nous impose la tâche d'examiner de plus près les motifs naturels émanés des inclinations, de rechercher s'il en est qui soient dignes de revêtir la forme du devoir, et s'il en est, au contraire, qui ne puissent jamais être arrachés au déterminisme des passions.

On dira, il est vrai, qu'une hiérarchie des motifs ne suffit pas, parce que les motifs dont toute l'existence est intérieure, ne se

(1) Op. cit., S. 219.

manifestent pas dans notre conduite matérielle, et que nos démarches extérieures reçoivent d'eux un caractère moral ou coupable,
mais non une direction physiquement déterminée : le même acte
peut être fait par différentes personnes dans des intentions différentes, être vertueux par suite chez les unes, et blâmable chez les
autres. Cela est vrai, en logique, in abstracto : mais, en réalité, il
y a un lien des motifs aux résolutions par lequel ceux-ci exercent
une influence, pour ainsi dire, élective sur nos actions physiques,
et n'en inspirent pas indifféremment n'importe laquelle. Qu'on
nous permette quelques exemples de la vie la plus ordinaire : je me
propose un certain jour, ne fût-ce que pour faire une expérience
philosophique, d'agir par devoir, de prendre le devoir pour seul
motif de mes résolutions. Sans doute un tel dessein ne m'en suggère immédiatement et par lui-même aucune. Mais la vie pratique
et le mécanisme social où je suis engrené m'épargnent, à cet égard,
tout effort d'imagination ; je suis dans un milieu où les buts à
poursuivre, les actes à faire s'offrent sans cesse à moi, sans que
j'aie besoin d'en inventer aucun. Ils font violence, pour ainsi dire,
à mon esprit, s'imposent à mon attention, exigent de moi une
résolution qui variera selon le motif ordinaire de ma conduite.
Supposé qu'un infirme, hors d'état de travailler, me demande
l'aumône, je ne puis pas ne pas l'apercevoir et l'entendre ; il faut
prendre une résolution. Dans ce cas très simple, trois motifs
seuls me la dicteront : l'avarice, la pitié ou le devoir, si toutefois
on peut distinguer les deux derniers. Et, selon que mon intention
bornée uniquement à la circonstance présente, abstraction faite
d'autres devoirs plus généraux qui entraîneraient, eux aussi, une
conduite physique correspondante, sera ou non d'obéir à la loi,
mon action, d'ailleurs accomplie dans la mesure de mes ressources,
sera ou non charitable. Je ne puis avoir ici un motif d'agir désintéressé et agir en égoïste. Sans doute, tous les cas ne sont pas si
simples, beaucoup laissent plus de place à l'initiative individuelle,
et introduisent plus de facteurs opposés dans nos calculs : mais,
en général, lorsqu'il s'agit de fautes fécondes en plaisirs égoïstes,
qui peuvent nuire à d'autres en occasionnant, même avec leur
assentiment, leur ruine ou leur déshonneur, l'intention de bien
vouloir suffit à indiquer ce qu'il ne faut pas faire. L'abstention,
à la vérité, pourrait aussi bien parfois être dictée par la prudence

vulgaire, et, à ce titre, alarmer la conscience : mais, en ce cas, l'action, évidemment égoïste, serait d'abord réprouvée par cette même conscience. Et comme il ne faut pas, par crainte d'un péril possible, se jeter dans un péril certain, immédiatement aperçu par la moindre réflexion, le plus sûr est de se décider pour la conduite à laquelle nous incline l'idée morale, fût elle mêlée à d'autres motifs moins purs. Car, de cette manière, nous avons une chance, même en cédant à ces derniers, de céder aussi à l'influence du devoir, et dans l'autre alternative, nous sommes certains de n'obéir qu'à la passion. Le tutiorisme prescrit donc de s'abstenir. Ainsi les intentions sont empiriquement, mais inséparablement liées à des conséquences matérielles que la morale formelle réussirait à régir et à condamner.

Sans doute elle n'arriverait ainsi qu'à une sorte de résultat négatif (1) ; elle restreindrait seulement le champ de l'activité humaine, et marquerait plutôt ce qui est défendu que ce qui est permis ; elle nous ôterait le mérite d'une vertu positive, ou du moins le restreindrait à la bonne volonté de créer à la fois la forme et la matière de nos actions, à l'élan vers le Dieu inconnu. Mais si cette moralité, réduite à l'abstention de mal faire, est tout ce qu'exige le devoir, pourquoi, au nom de doctrines étrangères au devoir, être plus exigeant que lui? Les craintes de péril social dont on s'arme contre la morale formelle se trouveraient suffisamment dissipées par le code prohibitif qu'elle édicte ; et si la liberté est soumise au joug de la nature en ce sens qu'elle y doit puiser ses inspirations, qu'est-ce à dire sinon que notre moralité à nous n'est qu'à demi créatrice, et que nous ne sommes pas obligés à d'impossibles inventions? Ne pas faire le mal sera toute notre ambition et toute notre vertu : est-ce un résultat si peu désirable, et, comme dirait La Fontaine, bon seulement pour des goujats? Ne rappelons pas le mot de Pascal sur ceux qui veulent trop s'élever au-dessus de la condition humaine, et essayons tout de suite, en étudiant comment se forment et agissent les ressorts naturels de nos actes, les inclinations, d'indiquer celles qui doivent toujours rester suspectes et celles dont les suggestions sont aptes à être érigées en intentions morales.

(1) *Grundlegung*..., S. 63; *Kritik*..., S. 87.

CHAPITRE III

LES INCLINATIONS EN MORALE

La morale formelle, en vertu de son principe, semble répudier tout concours de la sensibilité. — Du rôle des inclinations dans la conduite, et comment elles pourraient suggérer un acte, en provoquer même l'accomplissement, en lui laissant une certaine valeur morale.
Classement des inclinations par rapport au devoir : le remords et la satisfaction morale.
Les inclinations naturelles : leur mode d'action et leur origine. — Les instincts qui nous font vouloir sans réflexion ne peuvent nous faire vouloir d'une manière coupable. — Les instincts universels sont moralement supérieurs aux instincts particuliers. — Les instincts acquis conservent le caractère moral des actes qui leur ont donné naissance. — La sympathie est une tendance irréfléchie, nécessairement innocente. — Elle est peut-être universelle. — Elle peut être considérée comme une acquisition morale de l'humanité. — Hiérarchie morale des variétés de la sympathie, des inclinations dites impersonnelles et des inclinations égoïstes. — La possession des instincts supérieurs ne constitue cependant pas un privilège pour quelques-uns.
Les inclinations dans le réalisme. — Elles constituent des grâces individuelles, arbitrairement distribuées, et d'une valeur que notre ignorance du Souverain Bien rend impossible à déterminer.
L'amour et la moralité.

Si la moralité consiste, non à posséder certains biens extérieurs, mais seulement à bien vouloir, c'est-à-dire à vouloir par respect pour la loi, l'agent moral doit s'efforcer uniquement de prendre ses résolutions sous la seule influence de l'idée du devoir. Les actes intérieurs qui précèdent l'exécution, et où réside tout le mérite ou l'indignité de la conduite, doivent être tous produits par le sentiment de l'obligation. Le motif de nos décisions ne doit jamais être l'espoir d'un plaisir, et l'idée même d'un objet à poursuivre, qui manifeste déjà par elle-même nos motifs habituels et permanents de vouloir, doit être morale et désintéressée. De là une tendance très légitime chez Kant à condamner les inclinations, à en proscrire l'influence, à leur ôter toute part dans l'exécution des actions et la conception des motifs. La seule vue de la loi morale doit guider la volonté, et le concours des suggestions sensibles risque toujours de vicier la bonne intention. Il est défendu de vouloir pour satisfaire les inclinations ; il est périlleux, pour vouloir, d'écouter leurs inspirations.

On ne méconnaît pas sans doute la pureté et la hauteur qu'une telle exclusion donne à la morale kantienne ; mais on objecte que cette pureté ne vaut pas les sacrifices qu'elle coûte. Trendelenburg se plaint fort que cette défiance à l'égard de la nature ait pour résultat de limiter l'activité humaine, d'en empêcher le complet épanouissement, et de communiquer au devoir un caractère de contrainte qui ne permet de le remplir qu'à contre cœur (1). M. Janet, après avoir reconnu pourtant que la vertu se présente comme une contrainte pénible et difficile et qu'avant son triomphe elle n'est guère que douloureuse (2), accuse la doctrine de Kant d'être une morale de collège et de couvent qui nous amène à regretter nos bons sentiments, et qui ne voit la vertu que dans une éternelle lutte contre soi-même, fantôme à effrayer les gens. Il rappelle la spirituelle épigramme de Schiller : « J'ai du plaisir à faire du bien à mon voisin; cela m'inquiète ; je sens que e ne suis pas tout à fait vertueux ». Enfin au paradoxe, au scandale théorique de la morale de Kant, il ajoute, comme argument ad hominem, le scandale pratique de la conduite du philosophe envers sa sœur, personne sans éducation ni distinction, et que son frère refusa toujours de voir, tout en lui faisant une pension. A en croire M. Janet, Kant était autorisé par sa théorie à refouler ainsi l'un des meilleurs sentiments de l'âme humaine, l'amour fraternel, à n'accorder que l'aumône d'argent et non pas l'aumône de cœur (3).

On nous permettra de croire au contraire que Kant dans cette circonstance ne raisonnait pas mieux qu'il n'agissait. Si la loi morale lui prescrivait réellement de comprimer toute inclination et lui faisait de la vertu une mortification, son devoir étroit était de s'imposer l'ennui d'une conversation fraternelle, au lieu de rechercher les jouissances d'une méditation égoïste. L'argent

(1) Op cit S. 191, 196.
(2) *La Morale*, p. 105, 517, 538.
(3) Schleiermacher, op. cit. S. 286, accuse également la morale purement juridique de Kant d'introduire une pareille rudesse dans les rapports de famille.

est souvent la moindre chose dont un philosophe ait à faire le sacrifice, et son prétendu désintéressement est en pareil cas trop d'accord avec son goût. Quelques bonnes et tendres paroles eussent mérité plus de reconnaissance qu'un secours accordé d'une façon humiliante ; quelques minutes d'entretien prises sur la rédaction des *Critiques* qui n'y auraient rien perdu du côté du style, eussent remplacé avec avantage les thalers donnés en moins ; s'ennuyer par reconnaissance ou par affection est parfois un devoir plus pressant même que celui d'être matériellement utile aux siens. Schiller est également plus spirituel qu'exact, quand il oublie que la morale formelle, si sèche et dure qu'on veuille la supposer, n'interdit pas d'éprouver du plaisir à faire une action charitable, mais qu'elle défend seulement de faire une telle action en vue du plaisir qu'on en retirerait. Et si, des détails pratiques ou spéculatifs, nous revenons à la théorie générale, nous ferons remarquer d'abord que Kant n'est point aussi affirmatif qu'on le prétend, et semble tempérer par d'importantes restrictions la rigueur de son principe. Dans ses *Observations sur les sentiments du Beau et du Sublime* où déjà cependant il déclare que l'essence de la vertu est d'agir par principes, il reconnaît qu'il existe des inclinations favorables à la pratique du devoir, il appelle spirituellement la pitié et la complaisance des vertus adoptives (1); plus tard, il est devenu, avec raison peut-être, plus sévère à l'endroit de la pitié, mais il n'a pas cessé d'admettre que quelques qualités naturelles (Eigenschaften) sont nécessaires pour posséder la bonne volonté et peuvent faciliter son œuvre, et que les inclinations doivent seulement être assujetties par la liberté à la condition de s'accorder avec la règle pure (2).

Il ne faut donc pas admettre que Kant ait réellement prononcé une condamnation absolue contre les inclinations ; et ses hésitations sur un point capital permettent de supposer qu'une telle exclusion n'est pas commandée par le formalisme. Essayons de nous en convaincre par un examen attentif du rôle des inclinations dans l'activité humaine.

(1) *Critique du Jugement*, t. II, p. 251, 255, 271, tr. Barni.
(2) *Kritik*, S. 142, 87, 94. *Grundlegung*, S. 11 Cf. *Doctrine de la vertu*, p. 130, 189.

L'idée d'un but à poursuivre, d'une action à faire est sans nul doute une opération intellectuelle ; et elle se produit suivant les lois ordinaires de l'association des idées. Mais celles-ci délimitent seulement le cadre et la filière où se succèdent les représentations théoriques et pratiques, elles n'en déterminent point le contenu. Cette fonction est réservée à la partie la plus individuelle de notre être, du moins en ce qui concerne les idées des fins ; c'est la sensibilité, laquelle par ses instincts primitifs ou ses habitudes acquises constitue le caractère, d'où naissent nos tendances ordinaires vers tel ou tel objet ; et si nous imaginons ces objets par l'intelligence, c'est que déjà nous les aimons par l'inclination. Le plaisir goûté dans la possession d'un objet, l'insinue sans cesse dans notre souvenir, et le propose sourdement à notre recherche. Parfois nous surprenons presque, en nous, un commencement d'efforts irréfléchis vers nos fins favorites, quand la répétition des actes accompagnés de plaisirs en a engendré le besoin. Avant d'apparaître à la conscience comme un but clairement reconnu et spécifié, le plaisir agit comme un motif rudimentaire, au profit de certaines actions et nous fait écarter jusqu'à l'idée des autres ; il circonscrit la sphère de l'imagination pratique à un ensemble de choix déterminés. Ce qu'il fait à l'occasion des besoins acquis, il le fait encore mieux, suivant la maxime d'Aristote, que l'habitude agit comme la nature, à l'occasion des besoins innés. C'est toujours ce plaisir, prévenant et pressenti, avant la possession, dans un acte encore inconnu, qui décide nos premiers choix conformément à notre nature, c'est-à-dire à notre sensibilité individuelle. « L'homme, dit Jacobi, est selon ce qu'il aime ; il aime selon ce qu'il est ». L'amour inné cherche l'union avec l'objet qu'il devine ou qu'il sait, par expérience, propre à le satisfaire ; et le plaisir, tantôt sûrement et tantôt confusément espéré, tantôt au-dessus et tantôt au-dessous de ce que les Allemands appellent le seuil de la conscience, est le seul aiguillon qui nous fasse non seulement vouloir, mais encore songer à vouloir. Et ces désirs primitifs et obscurs ne sont pas seulement généraux ; ils possèdent un objet particulier et défini, choisi par nous et comme malgré nous dans l'infinité des objets que les hommes appellent aimables. L'inclination réfléchie ou aveugle suggère donc seule les fins à poursuivre, et c'est elle aussi qui, lorsque la liberté n'intervient pas, nous pousse à la résolution et à l'exécution; elle peut se dissimuler sous le voile de la prudence et de l'intérêt bien entendu : mais la prudence pratique a elle-même sa source dans une inclination qui est l'amour de la sécurité. Telle est la part très considérable que la nature possède dans le choix et l'idée de nos décisions; et Schleiermacher critique à tort Kant de lui laisser dans son système une place qu'elle occupe, non par une fantaisie de philosophe, mais en vertu de ses propres lois.

Cette place si importante exclut-elle l'exercice de l'activité morale ? En aucune manière. Car la fin suggérée par la sensibilité peut être confrontée avec la fin obligatoire telle que nous l'imaginons, et si elle est reconnue conforme au type du bien moral, nous la prendrons, pour ainsi dire, des mains de la nature pour la transformer par l'intention vertueuse ; nous voudrons moralement, au nom de la loi, ce que nous conseillait l'inclination. Si l'examen de la fin suggérée par un penchant personnel nous la rend suspecte, et que nous n'en concevions cependant aucune autre à juger et à poursuivre, nous nous déciderons par devoir à rester inactifs.

Il y a plus, l'inclination joue presque toujours un rôle plus considérable dans nos actes ; non seulement elle en suggère l'idée, mais très souvent elle en provoque l'exécution ; lors même que nous avons l'intention de nous déterminer moralement, elle joint son poids à celui de la liberté, elle donne le dernier branle à la faculté de vouloir. Il ne peut guère en être autrement, d'après le mécanisme ordinaire de l'activité humaine. Entre la conception d'une fin comme obligatoire et la réalisation des moyens nécessaires à cette fin, il s'exécute fatalement un certain temps : la résolution morale, dont la forme la plus fréquente est celle d'une intuition et d'un élan, a été prise avec pleine sincérité; et nous agirions sous son unique empire, si nous pouvions agir au moment même. Mais les exigences banales de la vie s'y opposent; il faut attendre que l'heure de l'exécution physique soit venue ; et dans cet intervalle l'intelligence ne demeure pas inactive. Il y a peu de sacrifices qui ne soient commandés que par une raison morale ; en vertu même de l'organisation sociale, ils ont toujours quelque récompense naturelle, soit dans les honneurs décernés par les hommes, soit dans la sécurité qu'ils assurent ou rendent à leurs auteurs. Des motifs d'une source inférieure, en dépit que nous en ayons, se présentent donc à notre esprit ; il a beau faire, il a beau vouloir n'agir que par respect pour la loi morale, il ne peut jamais s'assurer qu'il les écarte complètement ; le soin même qu'il prend de n'y pas songer fait qu'il y songe ; plus ou moins dissimulés, ils annihilent l'effort des motifs sensibles contraires, mais au détriment de l'influence du devoir pur ; et quand l'action devient nécessaire, il est hors de doute qu'ils y contribuent efficacement. Que faire à cela, et sommes-nous en pareil cas dépourvus de tout mérite moral ? L'affirmer serait oublier encore une fois le principe même de l'intention, et accorder à l'acte physi-que une importance qu'il ne doit pas avoir.

Cet acte, nous l'avons dit, ne tire pas sa valeur ou son indignité de lui-même, mais seulement des motifs dont il provient : la loi morale ne concerne que ceux-ci, et l'exécution physique n'est prise en considération par le moraliste que parce qu'elle les manifeste et les exprime. Nous avions donc fait tout notre devoir, en concevant le dessein d'obéir à l'Impératif catégorique ; nous y manquons sans doute, quand nous laissons avec plus ou moins de complaisance intervenir les suggestions de la prudence ; mais la faute qui suit ne supprime pas le mérite qui précède, et notre bonne action est en sûreté par cela seul qu'elle a été voulue. Lors même que la ferme intention de bien faire, loyalement conçue, ne se soutiendrait pas, et que les passions plus fortes nous pousseraient finalement à l'acte réputé immoral, serait-il juste de dire que nous avons complètement manqué au devoir : s'il s'agit bien entendu non d'une velléité d'agir selon la loi, mais d'une résolution sincère trahie par notre faiblesse, qui voudrait prononcer contre l'agent ainsi coupable une condamnation aussi sévère que contre l'agent qui a été tout droit au mal, sans avoir même essayé de bien vouloir ? L'acte physique sera tout à fait mauvais parce qu'il résultera seulement de motifs coupables : mais l'acte de foi morale, l'effort insuffisant vers le bien, ont-ils complètement perdu toute leur valeur ? Celle-ci reste intacte, inférieure sans doute à celle d'un effort plus vigoureux et plus heureux, mais cependant, telle qu'elle est, à l'abri des souillures de la faute commise. Peut-être est-ce une loi invincible de la nature que l'homme ne puisse

jamais agir par pure raison (1) et que son action soit seulement
la résultante de plusieurs forces concourantes, parmi lesquelles
figure la liberté, seulement à titre d'associée ; mais, comme en
toute entreprise collective, celle-ci a droit à une part des produits
obtenus par l'association ; elle peut revendiquer un élément dans
nos opérations et pour ainsi dire, un bénéfice moral. Quoi d'étonnant, d'ailleurs, si, pour effectuer un changement au sein de la
matière, il faille recourir à des instruments matériels ? Mais, encore une fois, ce n'est pas ce changement physique qu'exige la loi
morale : c'est notre cœur, et non la nature, qu'il faut vaincre pour
lui obéir.

Reste enfin un dernier cas, et même le plus fréquent de tous,
celui où l'inclination non seulement suggère et conseille l'acte,
mais encore le décide à elle seule. Faut-il croire la moralité
totalement étrangère à de tels actes, sont-ils tous également condamnables, incapables d'être distribués suivant une hiérarchie
fondée sur l'idée du devoir ? Essayer de répondre négativement à
cette question, c'est entreprendre la tâche périlleuse entre toutes,
peut-être insurmontable, d'établir des degrés moraux entre les
différents motifs empiriques, de subordonner les unes aux autres,
de classer les inclinations. Cette tâche, si difficile, est cependant
indispensable : s'il est vrai que la spontanéité morale n'existe pas,
et ne soit que le nom d'instincts naturels ou acquis qui nous déterminent fatalement à concevoir des fins et des motifs, en sorte
que la nature soit toujours au moins la première inspiratrice de
nos décisions et qu'il faille renoncer à dégager absolument celles-
ci de tout lien sensible, c'est une obligation impérieuse pour le
philosophe d'examiner l'essence de cette nature, d'approfondir le
caractère des ressorts variés qui nous poussent à vouloir les
fins, et, auparavant, à les imaginer. La liberté, réduite à juger les
œuvres de l'imagination pratique et à y choisir celles qu'elle fera
siennes, a-t-elle quelque règle qui puisse guider ses choix ? Est-
il quelques inclinations capables par elles mêmes de fournir des
suggestions au moins innocentes, ou déjà soumises au devoir par
leur origine, et qui ne lui rendent en velléités d'agir, que ce qu'il
leur a donné ? Rappelons nous du reste qu'il faut ici borner notre

(1) *La Morale*, p. 478.

ambition au strict nécessaire, et qu'eu égard au rôle indestructible des instincts dans l'acte du vouloir, la plus légère prééminence morale accordée à l'un d'eux, même seulement vraisemblable, suffirait à diriger la conscience : ce serait assez de prononcer une condamnation absolue contre quelques uns, sans qu'il fût nécessaire de reconnaître aux autres des mérites positifs.

Au premier rang, et méritant assurément une étude à part, figure le sentiment moral, sous sa double forme, le remords et la satisfaction morale. Il est bien difficile d'en expliquer l'origine qui paraît à Kant justement aussi inexplicable que le devoir lui-même : il semble le faire provenir du respect comme d'une tendance sensible, mais à la façon embarrassée et contradictoire dont il décrit la part de la sensibilité dans une telle inclination, il est aisé de voir que la sensibilité ne peut nullement en être la cause. Le respect, quoi qu'il en dise, n'est pas un mobile, c'est le motif même pour lequel nous obéissons à la loi morale, et qui n'est autre que l'ordre mystérieux de la raison (1). Il n'a point du tout le caractère négatif d'une humiliation : comment pourrions-nous nous sentir humiliés de la dignité morale que nous nous attribuons librement? La contrainte inévitable, exercée sur nos penchants par notre propre raison (2), produit des sentiments de douleur naturelle, occasionnés par la vue et le regret des biens sensibles que nous perdons volontairement : où commence l'étrange et le surnaturel, c'est dans l'angoisse indéfinissable que fait éprouver à une âme honnête sa désobéissance à la loi. Par quel lien insaisissable l'infraction à un impératif supra-sensible se rattache-t-elle à un phénomène purement sensible et d'essence humaine, comme la douleur? On en vient à se demander si vraiment le remords est une peine au sens ordinaire du mot, si la satisfaction morale est un plaisir. On en peut douter et reconnaître que ces prétendus sentiments, considérés en eux-mêmes, et non dans l'effet naturel que leurs causes produisent sur notre sensibilité empirique, ne sont au fond que des idées. C'est ce qui fait qu'il n'est pas immoral d'agir en vue d'éprouver l'un ou d'éviter l'autre : on ne les rencontre, en effet, que par l'obéissance ou l'in

(1) *Critique de la raison pratique*, tr. Barni, p. 121, 258, 374, 248, 149 256, 222.
(2) Ib, p. 259.

fraction complète au devoir ; il faut concevoir la loi dans toute sa pureté pour être capable de les ressentir. On pourrait même aller jusqu'à dire que cette conception est tout ce qui les compose. On serait bien déçu sans doute, si on espérait, au terme d'une bonne action, obtenir un sentiment de joie dû à la conscience. Aussitôt que la liberté a fait son œuvre et dicté le sacrifice, elle se retire et laisse place à la seule nature : la satisfaction morale que procure l'acte vertueux paraît exister seulement avant que l'acte soit accompli. L'enthousiasme et la vue claire du devoir soutiennent alors l'âme ; elle croit et veut n'avoir de regards que pour le sacrifice moral ; elle y trouve par avance de vraies délices ; elle se console, elle s'enchante presque de s'élever au dessus d'elle-même pour pratiquer la vertu ; elle s'élance avec sérénité à l'abandon de ses joies terrestres ; c'est qu'alors, à proprement parler, elle n'agit pas elle-même sous sa forme individuelle, et les douleurs humaines ne troublent pas l'ouvrier impersonnel que nous avons évoqué et qui fait en nous et par nous son œuvre : mais celle-ci achevée, quand d'une main trop ferme nous avons signé nous-mêmes l'arrêt de notre malheur et de notre vertu, la liberté nous quitte, et nous redevenons nous-mêmes. L'idée du devoir s'efface : vainement nous voulons la ressaisir, en ressentir encore l'influence bienfaisante, en illuminer notre conscience. Retombés à l'état de nature, nous ne voyons plus dans les causes de notre dévouement que les motifs naturels ; nous apercevons la complicité des passions jusqu'alors voilée, et qui n'agissait peut-être que par suite de réflexions antérieures dont l'effet nous était caché. Pour nous rassurer contre ces révélations désolantes qui nous font voir, non plus dans notre vertu, mais dans notre faiblesse, la cause de nos chagrins, nous appelons encore l'idée du devoir ; nous cherchons encore l'encouragement du fantôme sublime ; il se dérobe, ou se démasque sous les traits de l'égoïsme. Plus on le cherche alors où l'on a besoin de lui sans qu'il ait besoin de nous, moins il se montre : c'est le funeste résultat de l'analyse psychologique et l'unique prix de la délicatesse morale de nous ôter jusqu'au témoignage approbateur de la bonne conscience. Le cœur brisé par la perte du bonheur, nous reconnaissons avec stupeur que notre vanité ou notre prudence a seule fait l'apparence du bien moral et la réalité de la douleur sensible. On voit que c'est un mauvais calcul d'escompter les récompenses de la conscience, et que l'idée pure du devoir, au nom de laquelle seule elles seraient distribuées, ne les accorde même pas. L'enthousiasme est avant le sacrifice : il n'y a ensuite que désillusion et désespoir ! Et par surcroît, le remords, cette désolation irrémédiable d'avoir, non pas fait le mal, entité abstraite qui ne parle pas au cœur, mais d'avoir fait du mal à quelqu'un même avec sa complicité, même par son amour, n'atteint que les âmes délicates: moins elles éprouvent de joie des victoires qu'elles ont remportées sur elles-mêmes, plus elles ressentent de tortures aux souvenirs des défaillances qu'elles ont subies plutôt qu'elles ne les ont commises, victimes d'une foi qui leur donne des chaînes sans leur donner des forces, incertaines entre l'adoration et le blasphème, trompées par leurs passions, et plus encore peut-être par leur vertu (1).

Mais laissons ce triste sujet, le plus amer peut-être et le plus troublant de la vie morale : aussi bien notre tâche précise, imposée par l'absence d'une imagination pratique inventive à priori, est de rechercher quel caractère impriment à la volonté une origine naturelle et une efficace due aux inclinations. Si l'on se hâte de déclarer qu'un tel caractère est mauvais, on oublie et ce qui fait proprement la valeur d'un acte, et la manière dont se forment en nous ces inclinations.

Tout acte, pour mériter une qualification morale, doit être fait avec réflexion, avec une pleine connaissance du

---

(1) Nous croyons devoir citer ici pour prévenir tout reproche de subtilité et de paradoxe l'analyse théologique que donne Fénelon de cet étrange phénomène. Il faut lire en entier les articles X et XIII de l'*Explication des maximes* : « L'âme prend ses mauvaises inclinations pour ses volontés délibérées, et elle ne voit point les actes réels de son amour, ni de ses vertus, qui, par leur extrême simplicité, échappent à ses réflexions. Elle ne doute point de la bonne volonté de Dieu, mais elle croit la sienne mauvaise, parce qu'elle ne voit en soi par réflexion que le mal apparent qui est extérieur et sensible, et que le bien qui est toujours réel et intime est dérobé à ses yeux par la jalousie de Dieu... Si elle veut revenir par réflexion sur ce qu'elle a fait, elle tombe dans le doute ; elle ne croit plus avoir fait ce qu'elle devait, elle se trouble par scrupule... Dieu lui donne dans l'instant de l'action par des actes directs toute la certitude nécessaire pour la droiture de la conscience ; et il lui dérobe par sa jalousie la facilité de retrouver par réflexion et après coup cette certitude et cette droiture : en sorte qu'elle ne peut ni en jouir pour sa consolation, ni se justifier à ses propres yeux. »

but auquel il est destiné; la vue du devoir ou l'espérance du plaisir, aperçus clairement par l'intelligence, doit précéder toute volonté bonne ou mauvaise. Si la volonté vient immédiatement de la nature, sans l'intermédiaire de la délibération, elle ne tombe pas sous l'appréciation morale; elle est indifférente. Elle est le résultat d'un ressort machinal et aveugle, l'instinct, dont nous sommes les agents irresponsables et non les auteurs. « La nature humaine, écrit Fichte, n'est spontanément ni bonne ni mauvaise, elle devient l'une des deux par la liberté » (1).

Mais à côté des instincts primitifs, œuvre mystérieuse du hasard, se placent les instincts acquis ou les habitudes. Elles possèdent, on le sait, quant à la manière dont elles nous font agir, les attributs de l'inclination innée ; mais par cela même qu'elles sont volontairement acquises, elles ne portent pas la marque fatale qui rend celle-là indifférente moralement. Des actes coupables engendrent des habitudes vicieuses, dont l'empire, si grand qu'on le suppose, ne suffit pas à nous justifier et serait plutôt contre nous un grief de plus : des actes moraux, puisque la liberté s'exerce au sein d'une nature qu'elle modifie, engendrent un certain déterminisme d'habitudes vertueuses qu'il y a du mérite à enraciner davantage en y cédant, même sans réflexion. L'instinct acquis peut donc suggérer, conseiller, décider l'action physique : et celle-ci, sans être délibérée, est ainsi bonne ou mauvaise moralement.

Par ces diverses considérations, nous croyons circonscrire et poser plus nettement le problème : mais il s'en faut qu'il soit encore résolu. La vie d'instinct est indifférente, voilà tout ce que nous savons : mais peut-elle être tout entière érigée en vie morale par une simple décision de la volonté libre, ou faut-il distinguer des inclinations dont les suggestions, une fois réfléchies dans la conscience, excluraient la volonté d'agir par devoir, la possibilité de vouloir moralement l'action qu'elles nous font mécaniquement imaginer ?

Si on considère les conséquences des actes naturels, on a un premier moyen, semble-t-il, de classer les tendances d'où ils dérivent : si la moralité publique, protectrice de la nôtre, est assurée par le

(1) Cf. La Morale, p. 560.

respect d'un contrat social, tous les actes qui garantissent le respect de ce contrat auront chance d'être approuvés. Tout attentat aux personnes et aux propriétés, en restreignant l'exercice de la liberté physique que nous regardons comme le symbole et l'instrument de la liberté morale, est inspiré par des inclinations légitimement suspectes, puisque, si celles-ci régnaient seules, notre moralité serait mise en péril et nos bonnes intentions paralysées : or, eu égard au cours ordinaire des actions humaines, ces inclinations sont presque toujours les inclinations égoïstes ; en y cédant, il est bien difficile de ne pas apercevoir l'attrait du plaisir qui nous sollicite ; l'expérience nous autorise donc à les déclarer contraires à la morale. Inversement, on sera toujours fondé à accepter les suggestions de la sympathie et des tendances impersonnelles qui presque toujours, selon les enseignements de l'expérience, ont pour résultat d'accroître la liberté sociale par les actes qu'elles commandent. Au nom de l'intérêt public, justifié par notre intérêt moral bien entendu, nous sommes donc en droit d'établir une première hiérarchie entre les instincts.

Mais si nous envisageons les instincts en eux mêmes, sans tenir compte de leurs manifestations physiques, nous aurons peut-être un moyen plus direct encore de reconnaître ceux qui fournissent des suggestions aptes à devenir morales. La marque propre, en effet, du motif vertueux est de pouvoir être universel, et la conscience a toujours moins lieu de suspecter un motif s'il porte, même naturellement, ce caractère. On est moins loin du devoir en y cédant qu'en obéissant à une impulsion manifestement individuelle. Ces inclinations seules, par conséquent, qui appartiennent à tous les sujets de la loi morale, soit naturellement, soit à fortiori par la pratique de la vertu, méritent donc une estime et un examen particulier.

Or la psychologie classique reconnaît d'ordinaire plusieurs sortes d'inclinations universellement inhérentes à l'âme humaine : l'instinct de conservation, la sympathie, l'amour des biens impersonnels, tels que le beau et le vrai. Lorsqu'elles nous font agir indélibérément, nos actes sont indifférents ; lorsque nous en démêlons l'influence dans nos actes, est-il possible de substituer sans crainte à leur impulsion celle de la volonté morale ?

L'instinct de conservation s'exprime d'ordinaire par la formule

de Spinosa : tout être tend à persévérer dans son être, c'est-à-dire
à en maintenir intacts et à en développer tous les attributs. Or les
attributs de l'homme sont d'une double nature, physiques et
moraux. Les suggestions que fournit l'instinct qui travaille à
conserver les premiers n'offrent-elles à une conscience loyale
aucun motif de défiance, sont-elles concevables universellement ?

Il s'en faut de beaucoup : si on admet d'abord que l'homme
n'est pas dans l'univers le seul sujet du devoir, mais qu'il est en
société morale avec d'autres êtres immatériels ou même autrement organisés que lui, si l'on conçoit d'autres agents raisonnables
membres du règne des fins, les appétits physiques sont immédiatement tenus pour suspects, et la satisfaction qu'ils exigent
aura besoin de se justifier par la nécessité et par le devoir de
conserver la vie : on n'aurait donc droit de les assouvir que dans
la mesure où le commande le salut du corps. Si on rejette comme
trop peu positive l'hypothèse d'une république morale plus
étendue que l'humanité, on peut remarquer que, même dans
notre monde, les appétits ne fournissent pas de motifs universels :
leur essence est d'être périodiques, et de n'exciter l'animal qu'à
des intervalles déterminés ; l'heure et la constitution physique
individuelle en rendent les aiguillons plus ou moins fréquents.
Si donc on y cède, non sous l'empire de la nécessité naturelle,
mais par l'attrait des plaisirs qu'ils promettent, on est assuré de ne
pouvoir pas même communiquer à son intention la marque de
l'universalité, et cela rend bien difficile de croire qu'elle comporte
le caractère moral. Boire sans soif, écrit Beaumarchais, est ce qui
distingue l'homme de la bête ; c'est aussi ce qui le distingue de
l'agent moral.

Pour l'instinct de conservation proprement dit, qui nous porte
spontanément à défendre notre vie en péril, s'il agit vraiment
comme instinct, il est indifférent ; et de plus il est aisé de voir que
les occasions où il se manifeste sont bien rares, et les actes qu'il
suggère peu dangereux pour l'ordre social. Qu'un homme machinalement cherche à s'empêcher de tomber, ou, au moment de se
noyer, se raccroche à quelque roseau, il n'y a pas là de quoi le
blâmer, ni de quoi accuser l'impuissance de notre théorie à
condamner de tels actes. Mais si c'est délibérément qu'il se livre à
de tels efforts, l'agent n'a pas grand peine à discerner quelle fin il

poursuit en les accomplissant. Ainsi que le dit très bien Fichte, on ne veut pas vivre pour posséder la vie même, mais tel ou tel bien, telle ou telle qualité de la vie (1) : si ces biens sont purement sensibles, et que l'homme en danger arrête sur eux la réflexion, qu'il tente de vivre pour continuer de se livrer à l'ambition ou à la débauche, sans doute le formalisme condamne la tentative même qu'il fait pour se sauver : mais pour quelle conscience honnête sera-t-elle digne d'approbation ? Si, au contraire, il veut la vie parce qu'elle est le moyen de faire son devoir, ses tentatives sont légitimes, et le résultat heureux auquel elles aboutissent ne peut rien avoir de blâmable. Or, en fait, ce motif moral, présent à l'esprit, il est vrai, sous la forme concrète d'une famille à protéger, d'une patrie ou de la vérité à servir, se rencontre souvent dans l'expérience côte à côte avec l'impulsion machinale.

Si de la vie du corps nous passons à la vie de l'âme, il est encore moins facile d'accueillir loyalement comme morales les suggestions des inclinations égoïstes ; il faut fermer volontairement les yeux pour n'en pas voir le caractère individuel. Toutes, il est vrai, prescrivent de rechercher le plaisir, mais le plaisir n'est que l'objet commun de mobiles profondément divers, et ce n'est pas dans l'intention du plaisir en général que nous agissons naturellement, mais dans l'intention d'un plaisir défini, relatif à notre organisation. Comment croire que des plaisirs qui n'ont de valeur que pour nous puissent être voulus universellement, ce qui serait la première condition de leur bonté morale? Nous démêlerons ici sans peine les sophismes et les ruses de l'égoïsme, qui tenteraient de prendre l'aspect d'un instinct innocent ou d'une volonté vertueuse. Quand il y réussit, c'est en usurpant le masque de penchants supérieurs et en dictant comme eux des actes qui, s'ils servent à l'agent, contribuent aussi à l'intérêt social. Ainsi les inclinations personnelles fournissent rarement des suggestions même indifférentes, et la morale peut prononcer contre elles et contre les actes que leur influence ferait vouloir délibérément un arrêt sans appel.

Les conseils des tendances altruistes ont-ils le droit d'être plus écoutés ? On sait que l'instinct social a toujours rencontré grande

(1) Op. cit. S. 355.

faveur parmi les philosophes qui cherchaient le principe de la moralité : la théorie d'Adam Smith sur la sympathie, celles de Schopenhauer sur la pitié, sont célèbres, et certainement d'accord avec l'opinion familière au genre humain.

Nous avons nous-mêmes cherché à résumer l'histoire de cet oracle de la conscience, si favorable au dévouement, et à montrer d'où il provenait en fait : il s'agirait ici de lui assurer, en droit, une véritable prérogative, et d'en faire le guide naturel des intentions libres.

Comme l'instinct de conservation lui même, l'instinct sympathique est indifférent, et les actes qu'il commande sans le concours de la réflexion ne sont jamais coupables : le tutiorisme qui est de l'essence de la morale formelle, et qui prescrit avant tout, si l'on ne peut deviner les ordres de la loi, du moins de ne la point violer, autorise donc à se livrer sans défiance à la sympathie. La sympathie a, en effet, un attribut que les analyses sévères de La Rochefoucauld ont amené la psychologie à regarder comme essentiel ; il faut qu'elle conserve toujours, pour exister, son caractère instinctif, sans se réfléchir dans la conscience. Si elle est devinée, examinée, obéie avec complaisance et méditation, elle court risque de n'être plus qu'une métamorphose de l'égoïsme, une recherche du plaisir délicat de s'acquérir la reconnaissance d'autrui, ou de constater en soi même une supériorité morale. Cette pseudo-sympathie qui prescrit les mêmes actes physiques que la vraie, ne prescrit pas de chercher le plaisir des autres, mais le plaisir de leur faire plaisir ; elle a pour objet une fin égoïste délibérée, et par conséquent coupable. Tout le monde est d'accord pour le reconnaître, et pour y voir un de ces vices brillants, vitia splendida, que condamne la morale. La sympathie est par essence l'oubli de soi, l'élan spontané vers un être différent, sans l'arrière pensée même d'une satisfaction délicate. Sa vraie forme est donc toujours instinctive, et à ce titre, les actes qu'elle commande, étant pour le moins indifférents, n'ont rien qui puisse alarmer la conscience morale. Si celle-ci les veut selon l'idée du devoir, ils sont évidemment moraux, et si elle oublie d'y joindre cette idée, ils ne sont pas coupables.

Il y a plus. On peut se demander, on s'est demandé bien souvent si la sympathie était vraiment un instinct inné à l'âme humaine, et par conséquent universel : mais qu'on adopte ou non cette hypothèse, cette inclination conserve sa valeur morale, ses droits à fournir la première ébauche et la matière de l'inspiration vertueuse. Accorde-t-on, en effet, contre Hobbes, La Rochefoucauld et Helvétius que la sympathie réside, au moins en germe, dans toutes les âmes humaines, on reconnaît qu'elle est virtuellement un motif valable pour tous les êtres raisonnables que nous connaissons, qu'elle peut, en cette qualité, se présenter dans tous les moments à leur conscience; comme elle n'a qu'une forme, l'abandon de soi au profit d'un autre, tandis que l'égoïsme prend toutes celles que lui imprime notre organisme individuel, on n'y peut discerner aucune marque personnelle ; l'agent qui s'aperçoit par suite que l'acte qu'il veut faire est inspiré par elle, est rassuré d'avance contre les scrupules de sa conscience ; puisque la loi morale ne fournit par elle-même aucune suggestion, il lui est permis, prescrit même de se fier aux suggestions naturelles qui par elles mêmes ont déjà le propre caractère de l'intention morale, l'universalité : la résolution sympathique apparaît comme le symbole et le schème de la résolution morale, et l'instinct social comme la traduction naturelle de la volonté du devoir. Il joue dans l'âme humaine le rôle que Kant et Schiller prêtent à la beauté dans les choses physiques; il est comme une image et un premier essai de la liberté.

L'hypothèse contraire, que la sympathie est une inclination réservée à quelques hommes, est peut-être encore plus favorable à la hiérarchie des tendances sensibles que nous voudrions établir. Si on admet qu'elle est en nous, à la naissance, par le fait du hasard, son premier caractère, d'être nécessairement exempte de réflexion et par suite indifférente, permet toujours de lui attribuer une aptitude morale. Si, selon l'esprit des doctrines régnantes qui cherchent à réduire de plus en plus la part des éléments innés dans l'âme humaine, on croit que l'inclination sociale est acquise par la répétition des actes de dévouement, il est encore plus facile de lui conserver sa prééminence. Si elle est acquise, en effet, c'est que le fond de la nature humaine est un instinct personnel qui ne trouve de satisfaction que dans les joies égoïstes. Cette thèse, très soutenable et à laquelle la psychologie animale semble prêter un précieux appui, est on ne peut plus favorable à nos doctrines, et La

Rochefoucauld nous sert ici d'auxiliaire. Si tous les motifs naturels sont égoïstes, d'où viennent, en effet, les motifs sympathiques dont l'action semble indéniable ?

L'école anglaise, on le sait, en fait voir la genèse dans un raffinement progressif de l'instinct personnel, qui s'habitue peu à peu à rechercher des jouissances, espérées dans un avenir lointain, ou attendues de la complaisance réciproque d'autrui. Cette habitude de faire à longue échéance le prêt de nos services et de notre dévouement s'acquiert, dans le cours d'une seule vie, par l'enseignement répété de l'expérience : combien s'enracinera-t-elle davantage et prendra-t-elle mieux la forme d'un instinct inné, si l'on admet, avec M. Spencer, que les acquisitions psychologiques se transmettent héréditairement comme les changements physiologiques, et que les enfants reçoivent tout préparé à leur naissance ce calcul de prévoyance, ce penchant aux sacrifices utiles dont leurs parents ont peu à peu constaté les avantages ? Telle est l'explication zoologique et évolutionniste de la tendance altruiste : mais les disciples de Kant peuvent la faire tourner à leur profit. Ils n'ont garde de nier que les actes voulus librement ne produisent des résultats conformes aux lois naturelles de la psychologie ; ils savent que ces actes laissent une trace d'eux mêmes dans le déterminisme naturel, et que l'habitude qui naît de la volonté prépare la formation de l'instinct. Répéter par devoir et péniblement des actions sympathiques, c'est s'acheminer inévitablement à les accomplir bientôt sans préméditation ni effort, comme par l'influence d'un ressort spontané. Nous l'avons expliqué déjà, et l'autorité de Kant justifie notre explication : « S'il est dit, écrit-il, Tu dois aimer ton prochain comme toi même, cela ne veut pas dire : tu dois l'aimer immédiatement d'abord et par le moyen de cet amour (ensuite) lui faire du bien ; mais cela veut dire : Fais du bien aux autres hommes, et ce bienfait produira en toi l'amour de l'humanité (comme habitude de l'inclination à faire le bien en général) » (1). C'est là le joug naturel auquel est soumise la liberté morale : et l'on peut fort bien admettre avec l'évolutionisme que ce joug soit transmis héréditairement et que les actes de dévouement des ancêtres laissent dans les descendants une trace d'eux-mêmes, sous l'apparence d'instincts innés. Cela ne contraint pas d'accorder l'autre partie de la thèse, à savoir qu'il n'y a point de résolutions dues au désintéressement, mais seulement des métamorphoses de l'égoïsme. Ce que les partisans de Darwin attribuent aux progrès de l'instinct personnel perfectionné, les disciples de Kant le déclareront né d'une application réelle et répétée de l'idée morale. L'égoïsme, selon eux, sera vaincu par la liberté, qui progressivement lui substituera une tendance altruiste, libre par l'origine, mécanique par le fonctionnement. La sympathie est une acquisition de l'individu, ou même de l'espèce, mais c'est une acquisition qui résulte d'efforts moraux ; à ce titre, elle est une inclination supérieure et excellente.

Il y a mieux encore, et au lieu de s'attacher à une explication exclusive, on peut, croyons nous, fondre en une seule, au profit de notre doctrine, les théories proposées sur l'origine des penchants sympathiques. La tendance altruiste peut être à la fois une qualité naturelle des hommes, due à l'innéité ou à une prévoyance héréditaire, et une qualité moralement acquise. Si favorablement en effet qu'on veuille juger la nature humaine, il faut reconnaître que les impulsions auxquelles elle obéit le plus souvent et le plus volontiers sont égoïstes, et que c'est contre elles que le devoir a d'ordinaire à s'exercer. La sympathie naturelle peut venir au secours de l'idée morale et en assurer le triomphe ; mais dans la recrudescence de sympathie produite par la défaite même de l'égoïsme, se retrouve pour une partie l'influence de la liberté. Celle-ci prend une alliée dans la nature, mais la tendance qu'elle fortifie ainsi devient sous ce rapport une tendance morale, et les suggestions fournies par cette dernière auront une origine demi-vertueuse, ce qui vaut mieux qu'une origine qui ne le serait pas du tout. Or, comme eu égard à la loi fatale qui nous condamne à puiser nos inspirations pratiques dans la sensibilité, il suffit de la plus légère prééminence accordée à un penchant sur les autres, pour guider et rassurer notre conscience, on peut dire que l'analyse proclame décidément le mérite moral de la sympathie.

A plus forte raison, si l'on niait que la nature, l'hérédité, ou la moralité fût jamais capable de produire assez d'actes désintéressés pour fonder l'inclination qui leur correspond, et si l'on affirmait que l'égoïsme ne fait que s'y dissimuler et se raffiner par le calcul

sans jamais acquérir la forme indifférente de l'instinct, nous
aurions encore gain de cause ; si la sympathie n'est jamais une tendance naturelle, mais une idée, elle inspire des actes qui ne sont
point suspects d'une origine immorale, et même ne peuvent avoir
pour cause que l'idée du devoir. Sans doute notre conduite sera
matériellement la même que celle qui viendrait de la pseudo-
sympathie ; mais nous l'avons vu, c'est une nécessité, à laquelle
elle ne peut jamais échapper, que d'avoir une forme naturelle.
Nous n'avons le choix qu'entre des actes physiques produits d'ordinaire par l'égoïsme brutal, et incapables d'être voulus par devoir,
et des actes physiques qui pourraient naître, il est vrai, d'un
égoïsme raffiné, mais qu'un vrai désintéressement est aussi apte
à enfanter ; c'est donc ceux-ci, pour être plus sûrs de la pureté de
nos motifs, dont il faut lier l'exécution à notre intention morale.
Ainsi le dévouement, qu'il soit ou non susceptible d'une origine
déterministe, semble définitivement réhabilité par le formalisme.

La seule objection possible, mais invraisemblable, sur ce point,
est de supposer que l'instinct social aurait été primitivement seul
ou prédominant, et que l'égoïsme serait l'acquisition libre ; mais
nous ne croyons pas que personne se risque à la faire, parmi les
philosophes qui ont consulté l'histoire des origines humaines et
considéré de près la nature animale qui, pour l'organisation sensible, est certainement l'ébauche de la nôtre. Peut-être, dans d'autres
planètes, la moralité consiste-t-elle précisément à repousser les
suggestions du dévouement ; on peut affirmer que, dans la nôtre,
ce rôle ne lui appartient pas.

Peut-être même est-il possible d'aller plus loin et de trouver
des degrés moraux dans la sympathie elle-même. La critique at-
tentive des utilitaires n'épargne pas en effet cette inclination lorsqu'elle est obéie sans réflexion : « Si elle n'est discrète, disent-ils, si
elle ne s'impose le devoir d'étudier les maux qu'elle veut soulager,
de remonter à leurs causes, d'apprécier ce que leur influence peut
avoir souvent de salutaire, elle contribue à encourager la fainéan-
tise, le vagabondage, et tous les vices qui s'en suivent et qui ne
sont pas moins funestes à ceux qui s'y livrent qu'à la société tout
entière » (1). Ces inconvénients d'une charité imprévoyante ne

(1) E. Wiart, op. cit., p. 45.

pouvent être niés : aussi serait-il bien désirable de faire concorder les enseignements de la morale avec ceux de l'expérience utilitaire et de prouver qu'elle aussi exige le discernement et la réserve dans le dévouement. Si la compassion mal entendue est nuisible au bonheur social, c'est qu'elle l'est d'abord à la justice, qu'elle encourage chacun à conserver telles quelles les limites de sa liberté physique, sans essayer de les reculer par l'application constante et le travail : or le but de la société morale est d'assurer à chacun de ses membres le plus grand nombre de droits possible, c'est-à-dire le plus grand nombre de manières de faire leur devoir comme ils l'entendent. Le secours qui aide l'individu en nuisant à la société et aux habitudes qu'elle doit faire contracter à ceux qui la composent, est donc blâmable par un côté ; il est très inférieur au secours qui aurait pour résultat, en assurant et facilitant la parfaite observance des règles sociales, d'agrandir la liberté réciproque des citoyens ; et comme notre moralité propre est elle-même intéressée au maintien et à la solidité du contrat social, notre devoir est de faire plier toujours la charité devant la justice, et de prévenir les abus de celle-là par la considération de celle-ci. Une pensée charitable ne sera donc accueillie sans scrupules que si elle ne court pas risque d'affaiblir chez nos semblables le respect du contrat moral.

Mais la sympathie n'est pas seulement soumise à la condition de ne pas contrarier la justice : issue d'une origine morale, elle trouve sa règle et sa limite dans cette origine. Elle est par essence communauté et partage de sentiments avec l'être auquel elle s'adresse : et si la loi morale prescrit une telle communauté, elle prescrit plus impérieusement encore d'éviter les sentiments coupables ; or, devant une mauvaise action, c'est-à-dire devant une action dont le motif est d'ordinaire immoral, la sympathie est défendue ; car elle mettrait notre âme dans le même état d'égoïsme où se trouve celle de notre semblable. Sans doute il arrivera que d'après cette règle nous refuserons quelquefois notre estime et notre secours à un homme qui agira moralement, trompé qu'il sera sur la valeur sociale de ses actes : mais presque toujours, nous nous épargnerons une faute, une velléité de défaillance morale en restant froids au spectacle du crime, en plaignant la victime plutôt que le coupable. Si l'on examine de près le motif de l'indulgence que parfois nous

témoignons aux méchants, on se défiera légitimement de ce sentiment tout physique d'une excessive commisération ; on remarquera
que le concours ou même l'approbation que nous prêtons à ceux
qui font mal ne vient pas vraiment d'un élan désintéressé vers
eux, mais du secret désir de nous assurer en eux, le cas échéant,
des complices, et de la reconnaissance coupable que nous leur
avons de nous relever à nos propres yeux en tombant dans les
mêmes fautes que nous : péché partagé est à moitié pardonné, du
moins nous voulons le croire ainsi, et nous savons gré à ceux qui
nous allégent le poids du repentir, en nous donnant l'excuse du
mauvais exemple. La sympathie pure et morale ne va donc qu'à
l'agent qui se conduit lui même par le mobile d'une telle sympathie. Et bien qu'en pure théorie ce mobile n'apparaisse pas aux
yeux du spectateur, dans la pratique il est vrai de dire qu'il se
révèle suffisamment par la nature des actes où aboutit la résolution ; nos encouragements et nos éloges, avec la conduite qu'ils
entraînent, seront donc sans inconvénient réservés à ces actes
seuls.

Par des raisonnements analogues, on établira aussi, croyons
nous, l'excellence des inclinations impersonnelles, l'amour du vrai,
l'amour du beau, l'amour de Dieu. Elles aussi, quand elles agissent véritablement, engendrent de purs élans vers leurs objets
abstraits ou immatériels; elles ne comportent aucun retour de
l'agent sur lui-même (1), aucune orgueilleuse complaisance à se
sentir animé d'aspirations délicates; elles exigent l'oubli complet
de soi, sans aucune espérance de plaisir: à ce titre, elles sont au
moins indifférentes, incapables de compromettre la bonne intention. De plus, on y peut voir aisément les acquisitions de l'humanité, lentement obtenues par des actes répétés de dévouement à
la science, à l'art, au bien absolu : et où ces actes ont-ils pris leur
origine, au moins en partie, sinon dans une pensée morale qui
leur conserve, même sous la forme instinctive qu'ils ont peu à peu
revêtue, le sceau du désintéressement et de la bonne volonté?

Il y a mieux encore: les instincts personnels eux-mêmes sont
peut-être capables d'une certaine hiérarchie fondée sur les mêmes
raisons. Il en est, en effet, qui ne commandent que les actions

(1) *La Morale*, p. 130.

directement utiles à l'individu ; d'autres, au contraire, plus rares et d'une acquisition toujours pénible, inspirent des actions d'une utilité personnelle aussi réelle, sans doute, mais plus délicate, d'une apparence désintéressée, auxquelles le spectateur assignerait tout aussi bien pour motif la symphathie ou l'idée du devoir ; faire de tels actes, même sous l'influence d'une égoïsme subtil, n'est-ce pas se préparer à les réaliser sous de meilleurs auspices ? Songer à un acte qui pourrait être un acte de dévouement, n'est-ce pas s'élever déjà au dessus de l'instinct brutal qui ne cherche sa satisfaction que dans les plaisirs les plus personnels ? Par ces penchants d'un amour propre raffiné on accomplirait déjà la matière la plus ordinaire du devoir : vienne un bon mouvement, on en voudra aussi la forme. Le culte de l'honneur et des voluptés délicates semble un acheminement au véritable amour du bien.

Toutefois cette hiérarchie des inclinations semble contredire le principe fondamental de notre morale : comme elles sont inégalement distribuées aux hommes, dès qu'on leur assigne un rôle dans la production de l'acte vertueux, il semble qu'on revienne à la doctrine aristocratique de la grâce, et qu'on refasse encore une fois de la moralité un privilége naturel, réservé aux êtres heureusement doués. Les affections quasi morales, telles que la sympathie ou l'amour du beau, ne sont pas innées, du moins au même degré chez tous les hommes : n'y a-t-il pas là une cause insurmontable d'infériorité pour ceux qui en sont dépourvus ?

Il n'en est rien : soit que l'instinct se borne à suggérer l'acte, soit qu'il le décide à lui seul, l'égalité morale est sauvée. Dans le premier cas, s'il est précieux d'avoir spontanément l'idée de bonnes actions, le privilége ne va pas sans péril (1), car l'idée de l'action ne suffit pas à déterminer à la faire, lorque la passion nous pousse en sens contraire. Souvent nous avons l'intuition de ce qui est bien, et nous faisons mal : nous repoussons l'image de la loi morale, nous péchons en sa présence. C'est là une faute véritable. Ne pas apercevoir par une incapacité native l'idée du devoir ou l'occasion de le pratiquer n'est qu'un malheur. Il faut seulement chercher à corriger cette incapacité, subs-

(1) La sensibilité est un piège en même temps qu'un don. *La Morale*, p. 457.

tituer par des actes libres répétés aux instincts égoïstes des instincts contraires. Il ne faut pas conserver les premiers pour se donner la gloire de les vaincre, comme on accuse le formalisme de le prescrire logiquement : car on n'est assuré que de la tentation en les conservant, et non de la victoire. Qui amat periculum, in illo peribit, dit l'Écriture : s'il y a des risques beaux à courir, ce ne sont pas ceux de violer le devoir ; il y a bien assez de difficultés, assez d'obstacles et de passions à surmonter pour qu'on ait le droit et l'obligation de s'entourer de tous les secours possibles, et de tarir en soi le plus possible la source des mauvaises inspirations.

Dans le cas où l'inclination bonne est assez puissante pour nous déterminer d'elle-même à l'acte, sans qu'intervienne l'idée du devoir, il est encore possible d'attribuer à cet acte une valeur morale, mais il est vrai qu'il faut examiner à qui revient le mérite de l'inclination. Est-elle due à nos efforts, nous recueillons dans l'élan facile vers le bien le fruit d'une vertu péniblement acquise : vient-elle, par imitation machinale des bons exemples, de nos parents, ou, selon les doctrines nouvelles, d'une transmission héréditaire, nous n'en avons pas, nous, le mérite, mais il appartient à ceux qui nous l'ont léguée. Ils continuent de vivre par nos bonnes actions : leur immortalité, c'est notre vertu. N'est-ce pas là la croyance même du sens commun, quand il affirme que noblesse oblige, et qu'il blâme avec plus de rigueur que les autres ceux qui dérogent aux traditions d'honneur établies dans leurs familles ? Pour que l'acte ainsi suggéré par des instincts héréditaires soit présentement notre œuvre morale, il faut que la pensée du devoir s'y applique : autrement il est toujours louable parce qu'il représente de la vertu accumulée sous forme d'inclination. Mais cette vertu peut n'être pas la nôtre. Aussi est-il toujours préférable en accomplissant l'acte de dévouement d'évoquer l'idée morale, de vivifier et de rajeunir par elle, pour ainsi parler, les bonnes résolutions amassées dans l'instinct sympathique. Il ne faut pas prendre l'habitude de céder machinalement aux inclinations vertueuses, imiter de la sorte l'acte d'abandon des faux mystiques qui, après avoir, une fois pour toutes, remis leur âme aux mains de Dieu, s'abstenaient désormais de songer à lui. Il faut recon-

naître l'origine des inclinations supérieures et les fortifier en nous,
à chaque occasion, par une création personnelle, par un acte de
foi morale.

Il nous reste, pour conclure ce chapitre, à montrer qu'ici
comme sur les autres questions, la morale formelle ne se heurte
pas à des difficultés plus considérables que les autres doctrines.
Le caractère des inclinations est assurément pour les réalistes
facile à constater : ce sont des grâces arbitrairement accordées
aux élus du Souverain Bien. Mais, comment reconnaître, ce qui
est de la plus haute importance pour l'éducation, lesquelles sont
vraiment propres à nous faire réaliser la matière de la loi ?

Le Kantisme du moins prononce une condamnation absolue
contre les instincts égoïstes : mais les morales réalistes ne peuvent le faire. Tous les moyens leur sont bons pour permettre à
l'agent moral d'atteindre la fin dont la possession, et non la poursuite est obligatoire. L'amour de soi est l'aiguillon le plus pressant
qui puisse nous pousser vers l'accomplissement de notre destinée;
et c'est lui qu'il faut solliciter par l'effroi des peines et l'attrait des
récompenses, pour obtenir des hommes des résultats effectifs et
matériels. On n'échappera pas à cette conséquence en donnant
au Souverain Bien la forme altruiste du bonheur général : outre
que la meilleure manière de nous intéresser à ce bonheur est de
nous faire voir que le nôtre en dépend, et qu'il faut ainsi pratiquer
le dévouement par égoïsme, Spencer montre fort bien que la
doctrine utilitaire doit commencer par réhabiliter l'intérêt person
nel (1) : on n'obtiendra, dit-il, le bonheur général qu'en travail-
lant à son propre bonheur, et comment refuser alors à l'égoïsme
le droit de cité dans la morale ? comment se soustraire au joug
du triste proverbe : Charité bien ordonnée commence par soi-
même ?

Seul donc, le formalisme a droit d'affirmer qu'il existe une
nature morale, créée par notre liberté, dont nous pouvons écouter les conseils sans défiance, et qui est la nature aimante. La
morale kantienne, descendue des froides hauteurs de l'abstraction, retrouve les principes proclamés par le genre humain : elle justifie et sacre de l'auréole morale la pitié et la misé-

---

(1) *Les Bases de la morale évolutionniste,* p. 167, 170, 105, 264.

ricorde, la « bonté qui est comme la marque de la nature divine dont nous sortons », elle reprend et édicte par elle même le précepte de la sublime religion de charité dont les hommes de foi savent la lettre et dont les hommes de cœur savent l'esprit : Aimez vous les uns les autres. Destinée à régner sur l'humanité, elle admet, elle réclame la vertu qui porte le nom même de l'humanité ; et ses règles sont devinées par le cœur avant d'être promulguées par la raison. Elle permet à notre âme d'aller tout entière, suivant le mot de Platon, à la vérité et au bien ; elle ne veut pas la vertu farouche et le devoir sans émotions ; elle nous laisse le droit aux larmes de la compassion, au sourire de la reconnaissance, aux regards qui enveloppent une âme de tendresse, et portent un cœur à un autre cœur. Il n'y a point de déduction morale qui condamne les élans et les pleurs de l'âme charitable ; et si la logique avait paru exiger un tel sacrifice, une voix mystérieuse nous avertirait, au nom du devoir même, de le lui refuser. Nous sommes faits pour le devoir, mais par le devoir, pour l'affection: lui seul même la rend possible en lui promettant la durée, en l'affranchissant des calculs destructeurs de l'égoïsme, ou des chaînes dissolvantes de la volupté, des convoitises qui la font rougir d'elle même, se décourager et se prendre en mépris ; seul il peut prononcer le mot toujours sans lequel l'amour se moque de lui même et que la nature arrête sur nos lèvres, transformant notre sourire de tendresse en un sourire d'ironie ; il donne à nos dévouements la pureté inaltérable, leur épargne la terreur de l'inconstance ; il en met le trésor au dessus même de nos défaillances, et tresse les chaînes qui sont légères parce qu'elles sont indissolubles. Défendue par l'espérance seule d'un bonheur fragile et imprudemment attendu du caprice de la nature, l'affection aurait perdu ses titres à notre confiance : le devoir les a retrouvés. Aimer, c'est renoncer à soi-même sans le savoir ; vouloir librement, c'est renoncer à soi-même en le sachant. La moralité est la forme réfléchie de l'amour ; l'amour est la forme inconsciente de la moralité.

CHAPITRE IV

LA SCIENCE MORALE

INTRODUCTION.

Utilité morale d'une telle science. — Son caractère en partie empirique et
trop peu déterminé. — Impossibilité, pour suppléer à ce défaut de
choisir délibérément un contenu de la loi autre que la loi.

S'il existe, ainsi que nous avons cherché à le faire voir, des
différences morales au sein de la nature elle-même, si le déterminisme apparent qui semble la posséder tout entière est, en plusieurs de ces parties, le résultat des actions libres, et que l'auto-
matisme sensible porte ainsi sur certains points la marque du
moral, il redevient possible peut-être d'imaginer et de construire
une éthique scientifique; à la place des inspirations arbitraires du
prétendu instinct moral, il y a lieu sans doute de chercher et
d'établir des règles de conduite. Par ces règles, la conscience
apprendra à contrôler les diverses suggestions naturelles, à discerner le caractère égoïste ou désintéressé des fins que les ha-
sards de la vie sociale proposent à notre activité; elle sera mise en
garde à la fois contre les scrupules exagérés qui finiraient par réduire l'agent à la torpeur, et contre l'aveuglement fanatique qui,
de bonne foi d'ailleurs, le ferait céder aux inspirations les plus anti-
sociales. Si la science du devoir, comme d'un objet distinct du
sujet, comme d'une fin extérieure et objective, est impossible
selon le formalisme, on conçoit la possibilité d'une science de la
conscience, formée et progressivement enrichie par la découverte
des critériums au moyen desquels l'agent moral discerne le caractère de ses résolutions, juge légitime ou non de leur imprimer le
sceau de l'intention vertueuse, et établit même entre elles des
degrés et comme une échelle de mérite. Au surplus, le meilleur

moyen de prouver la possibilité d'une telle étude est de se risquer à l'essayer : cependant il importe d'écarter d'abord quelques
objections qu'on sera tenté sans doute de diriger contre elle.

On dira, d'abord, en effet, qu'elle est inutile : à quoi bon, non
pas seulement une science du bien, mais même une science de la
conscience, puisqu'il est admis que l'intention qui suffit à justifier l'agent peut s'attacher à toutes les actions, et que par suite
toutes les consciences se valent? Proclamer avec Fichte qu'il n'y
a pas de conscience erronée, n'est-ce pas affirmer du même coup
l'inutilité de règles qui auraient pour objet de corriger des erreurs
impossibles? L'ignorant étant aussi bien que le savant capable de
moralité, que servent des recherches qui, même à supposer
qu'elles réussissent, ne nous permettraient de rien ajouter à notre
vertu ? (1) C'est par une inconséquence que Kant (2) aurait affir-
mé l'utilité d'une science destinée à donner accès et durée aux
préceptes moraux : il n'y a point de tels préceptes, puisque la
conscience individuelle règne en souveraine.

Parler ainsi, c'est oublier sans doute la nature et la formation
psychologique du jugement moral ; il comprend deux parties, et
pour ainsi dire, deux moments. Nous affirmons d'abord qu'une
action physique matérielle est commandée par la conscience. En second lieu, qu'il la faut faire parce qu'elle est
commandée par la conscience. Ce deuxième point ne souffre
pas de difficultés: mais, s'il est vrai que la conscience ne
soit point une faculté intuitive, qu'elle se forme lentement
et progressivement chez la plupart des hommes au contact des doctrines régnantes, que le contenu en varie selon les changements d'idées et d'opinions théologiques ou sociales
étrangères à la morale, qu'en un mot l'instinct moral soit, comme
peut-être tous les autres instincts, une habitude individuelle ou
héréditaire, n'est-il pas urgent de fournir à la conscience une
source d'inspirations plus pure, de substituer au mélange de préjugés et d'idées justes, qui la guide sous le nom de sens commun,
une doctrine vraiment dérivée du seul Impératif catégorique, où
l'ignorant puisera, sans y réfléchir du reste davantage, des suggestions, morales à la fois par le contenu et par la forme ? L'hom-

(1) *La Morale* p. 512.
(2) *Grundlegung*, S. 24.

me de méditation enfin, qui, ayant reconnu l'origine empirique et
les traits hétérogènes de ce prétendu instinct, hésite à s'y livrer et
le soumet à la critique, n'est-il pas autorisé et même obligé à
chercher pour lui-même des règles qui dirigent son jugement
et rassurent sa conscience ? Il ne faut pas penser qu'à ceux qui
ne pensent pas, et la minorité instruite, réfléchie et soucieuse, a
droit aussi de chercher à résoudre les problèmes qui la tour-
mentent.

Ce que les moralistes du reste ont à lui donner, en dépit de tous
leurs efforts, n'est pas tel malheureusement qu'on puisse le lui
envier. La science que nous essayons de faire ne saurait avoir les
caractères de précision et de rigueur qui mettraient fin aux incertitudes et aux hésitations de la conscience : il n'y a point de
géométrie du devoir. L'éthique humaine est, en effet, le code
d'un être libre et raisonnable, mais d'un être plongé dans le
monde du déterminisme et de l'expérience, et la connaissance
que nous avons de ce monde est et sera toujours trop incomplète
pour affranchir de toute contingence les solutions morales. Nous
ne connaissons ni l'univers supra-sensible d'où descend la liberté,
ni l'univers sensible qu'elle doit sauver. Aussi les règles de la
conduite vertueuse n'ont-elles point de caractère absolu ; suivant
la maxime d'Aristote que des choses indéterminées la règle aussi
doit être indéterminée (1), elles valent pour la grande généralité
des hommes et des circonstances, pourvu que ceux-ci soient
honnêtes et ne cherchent pas à s'abuser eux-mêmes : mais il en
est de la vertu comme de l'art. Elle apprend à ses adeptes à
franchir ses limites, et à faire œuvre non-seulement d'obéissance,
mais d'initiative morale. La conscience a ses découvertes comme
le génie. Le reproche qu'on adresse à la morale formelle de
n'engendrer qu'une législation juridique et militaire (2) est mal
fondé ; elle a plutôt le défaut contraire. La nécessité de vivifier
autant que possible chacun de nos actes par la pensée d'une loi
purement abstraite paralyse parfois ou égare la raison pratique :
elle ne l'enchaîne jamais. « Avouons, dit très bien M Janet (3),

(1) *Eth. Nic.* v, x, 7.
(2) Uberweg, *Geschichte der Philosophie*, 3ᵉ partie S. 190. Cf. Schleiermacher. Op. cit. S. 97.
(3) *La Morale*, p. 369, Cf. p. 239, 554.

qu'il y a un point où toute théorie cesse et où la science n'a plus de formules. Les lâches complaisants des faiblesses humaines abusent de ces cas infiniment rares pour entreprendre sur les lois strictes de la morale. Le moraliste reconnaît seulement qu'il n'est pas en son pouvoir de tout réglementer ». Remarquons seulement que le moraliste kantien a seul le droit de parler ainsi ; car, si l'on accorde à l'homme la science d'un Souverain Bien qui détermine et remplit le cadre de la loi, on ne voit pas pourquoi nous serions réduits à imaginer les devoirs que nous n'avons qu'à déduire (1).

Si pourtant l'on suppose que cette notion d'une matière de la loi, telle que l'intérêt général par exemple, ou le parfait épanouissement de la nature humaine, sert réellement à la découverte de règles précises, on n'est pas obligé dans la doctrine kantienne de s'en refuser le secours. Par une généreuse décision de la conscience en quête de nouveaux devoirs et craignant de se laisser énerver par la méditation stérile d'une loi vide, on peut choisir le contenu qui remplira l'Impératif catégorique. Une fois qu'on a reconnu l'origine ou au moins la physionomie morale de la tendance sympathique, il est légitime de chercher à lui faire produire ses fruits les plus féconds, à en étendre et à en discipliner l'action : l'objet qu'elle se propose étant naturellement le bien être de tous nos semblables, le bonheur général devient, par une déduction bien simple, la matière que nous choisissons à notre activité morale, le criterium qui règle nos sacrifices et nous aide à sortir d'embarras. Cependant comme ce dernier avantage, à mesure que se fortifie la réflexion sur les conditions et les obstacles de toute sorte imposés à la félicité humaine, est chaque jour moins réel, il faut essayer de supprimer entre la loi et la conscience l'intermédiaire d'un contenu si obscur, ou du moins n'y recourir qu'à la dernière extrémité. L'Impératif catégorique, directement examiné, offre peut-être des maximes de conduite capables de satisfaire la critique. En fût-il autrement, il n'en résulterait guère de péril ; car l'excès de la méditation et de la sagesse, qui ferait apercevoir à quelques-uns la stérilité de l'idée morale, n'est pas à craindre

(1) Il est vrai que l'imagination a sa part même dans une science déductive ; mais le raisonnement doit ensuite en justifier les intuitions, et c'est ce qu'on n'a fait encore dans aucune doctrine matérielle.

pour le plus grand nombre. Qu'importe au bon ordre social que quelques philosophes kantiens ne sachent pas ce qu'ils ont à faire, puisqu'une telle race de gens n'est guère propre qu'à méditer?

I. — LA PREMIÈRE MAXIME DE KANT

Déduction de cette maxime qui suffit à fonder toute la morale. — Examen
des critiques dirigées contre elle ; 1° elle n'est pas utilitaire. Confusion
établie par Kant entre le moyen et la maxime ; y a-t-il des moyens absolument interdits ? 2° elle n'est ni vide, ni trop rigoureuse : comment on
peut l'appliquer après qu'on a classé les inclinations, et dans quelle mesure et sous quelles conditions, il f ut faire le sacrifice de celles-ci.
3° elle est négative, mais non pas insuffisante. Influence limitative de la
morale ; et comment elle se borne à régler une nature antérieurement
existante. — Quelle part nous devons librem nt prendre à la formation
de cette nature. — Expression concrète de la maxime.

Examinons donc sans crainte et mettons à l'épreuve d'abord les
règles que Kant lui-même a déduites pour ses disciples, et contre
lesquelles Schleiermacher a porté ce jugement sévère qu'on peut
les considérer tant qu'on voudra de tous les côtés, on les trouvera
toujours incapables de fournir l'indication d'aucune règle réelle,
d'aucune vertu ou d'aucun devoir (1). Mais ce même auteur, en
reconnaissant qu'elles peuvent servir à l'appréciation d'un donné,
c'est-à-dire d'une fin suggérée par la nature, n'accorde-t-il pas
que la morale formelle possède la clarté nécessaire pour nous
diriger dans presque tous les actes d'une vie où la plupart des
fins à choisir nous sont proposées par le milieu social et les circonstances physiques? Savoir ce que nous devrions faire dans un
monde idéal où nous ne sommes pas est superflu : il suffit de
savoir nous conduire dans le monde où nous vivons.

Les maximes de Kant sont, à cet égard, d'une utilité incontestable. Nous n'examinerons pas ici les fins-devoirs, énoncées dans
la *Doctrine de la vertu*, telles que le perfectionnement de soi-
même et le bonheur d'autrui, parce qu'elles ne sont point déduites. Il reste les trois maximes des *Fondements de la métaphysique
des mœurs*, qui paraissent en réalité se réduire à deux : car la
volonté législatrice universelle n'est pas autre chose que la volonté

(1) Op. cit. S. 97.

s'inspirant d'une maxime universelle. La première qui seule subsiste dans la *Critique de la raison pratique* est incontestablement la plus importante et la plus féconde.

Elle se déduit aisément du caractère absolu de la loi morale : puisque celle-ci commande sans acception de temps ni de lieu ni de circonstances individuelles, elle ne peut commander que des maximes, c'est-à-dire des motifs, qui puissent être adoptés universellement. De là le précepte : agis d'après une maxime qui puisse devenir une règle universelle (1). Tel en est le véritable énoncé, de préférence à celui qu'on trouve dans la *Critique* (2) : agis toujours de telle sorte que tu puisses vouloir que ta maxime devienne une loi universelle, et qui a l'inconvénient de lui donner l'aspect d'un calcul d'intérêt bien entendu. Ce que ce précepte exprime d'après une déduction irréfutable, c'est l'obligation pour l'agent de prendre pour motif de ses décisions un motif qui puisse être pris par tous les êtres soumis à la loi, c'est-à-dire, en égard à notre connaissance bornée, par tous les hommes.

Examinons maintenant les critiques dont il a été l'objet, et qui se rangent sous trois chefs principaux : 1° il est au fond utilitaire; 2° il est ascétique et impraticable ; 3° il est insuffisant.

La première critique qui semble avoir été prévue et réfutée par Kant lui-même, consiste à dire que précisément, chez les hommes, il existe un motif universel qui est la poursuite du bonheur, et que le formalisme des sa première déduction se transforme en morale de l'égoïsme; mais outre que la poursuite du bonheur, sous certaines réserves, est un devoir indirect, parce que le bonheur est le moyen nécessaire pour écarter les obstacles qui s'opposent à la moralité du sujet (3), la félicité n'est jamais, sous cette forme vague, indéterminée, anonyme, le vrai motif de nos actions : elle n'est que le titre général des motifs subjectifs, et ne détermine rien de spécifique (4). Le bonheur, c'est la possession de ce qui plaît, c'est la satisfaction d'une inclination individuelle : l'avare veut de l'or, l'amant veut de la tendresse. Le motif de l'un n'est pas celui de l'autre: le plaisir de la richesse n'est pas le plaisir de

(1) *Grundlegung....* S 63.
(2) S. 83.
(3) *Doctrine de la vertu*, p. 26. Cf *Grundlegung*, S. 17 et *Kritik*, S. 112.
(4) *Kritik*, S. 27, tr. Barni, p. 165.

la passion. Quant à l'hypothèse d'un bonheur spécifique, convena-
ble à tous les hommes, et sur laquelle les disciples d'Aristote (1)
fondent leur doctrine, de leur aveu elle offre aux hommes des
jouissances trop pures et trop difficiles à goûter pour qu'ils dépré-
cient la morale kantienne, s'il était prouvé qu'elle aussi en commande la poursuite.

Du même biais Zeller (2) objecte que la forme pratique et active
du désintéressement exigé par la loi morale étant la recherche
du bonheur d'autrui, les autres sont moralement obligés à travailler
à mon propre bonheur. Et puisque leur maxime qui doit pouvoir
être universelle doit ainsi devenir la mienne, il suit que j'ai le
devoir strict, moi aussi, d'assurer ma félicité. Kant a fait remarquer (3), en effet, que si l'on considère en soi l'idée de l'humanité
qui y est incarnée, il est permis de se vouloir du bien à soi-même,
sous la condition de vouloir aussi du bien aux autres. Mais on
esquiverait plus sûrement l'objection, croyons-nous, en disant
que Zeller, fidèle aux principes de la morale matérielle, confond
ici la manifestation physique du devoir avec le devoir lui-même,
l'acte vraiment obligatoire, l'intention, avec l'acte indifférent, le
résultat. Si les autres prennent mon bonheur pour but, c'est
d'après la maxime du désintéressement, inspirée par l'idée de la
loi. Leur motif n'est nullement égoïste, mais moral, et c'est leur
motif seul que j'ai le devoir de leur emprunter. Or, il produira par
moi des effets matériels opposés à ceux qu'il produit par eux ; et,
agissant par devoir, c'est leur bonheur que je chercherai, non pas
le mien.

Enfin, la troisième critique sur laquelle s'accordent Schopenhauer, Stuart Mill, M. Wiart, M. Janet, c'est que finalement, par
l'emploi de cette maxime, Kant revient à l'utilitarisme et donne
pour base à ses préceptes l'utilité personnelle : c'est en considérant mes actions par leurs conséquences utiles ou nuisibles à moi-
même, que j'arrive, par exemple, à condamner le mensonge qui
généralisé et transformé en habitude universelle ne servirait plus
de rien, ou la dureté de cœur qui me laisserait sans secours aux
jours de détresse, si elle devenait la maxime de tous les autres,

(1) *Essai sur la morale d'Aristote*, par L. Ollé-Laprune, Paris, 1881.
(2) Op. cit. S. 15.
(3) *Doctrine de la vertu*, p. 128.

après avoir été la mienne. Un calcul égoïste est donc en dernière analyse l'origine et la sanction de cette maxime d'apparence si austère.

Nous ne prétendons pas entièrement disculper Kant de ce repro·che, mais seulement la morale qu'on peut tirer de ses principes et qu'il a parfois médiocrement défendue. Il est juste pourtant de rappeler qu'il avait prévu et réfuté l'objection ci-dessus exposée en disant que la comparaison de la maxime de notre action avec une loi universelle de la nature n'est pas le principe déterminant de notre volonté, mais le type qui nous sert à juger nos maximes suivant des principes moraux (1). Il ne s'agit pas d'indiquer un fondement objectif du devoir, mais seulement un criterium des actions conformes au devoir : Kant pense le trouver dans la contradiction où seraient nos volontés avec elles-mêmes, si elles devenaient communes à tous les agents. Il semble seulement qu'il prête sans démonstration un caractère moral à la conduite logique, conséquente à elle-même. Il suppose, que renoncer à une action, parce qu'universalisée elle se dément elle-même, c'est en vouloir non l'essence, mais une qualité particulière et accidentelle ; c'est à la fois la vouloir et ne pas la vouloir; c'est se contredire. Kant, oubliant qu'une action n'a pas d'essence générale, mais est, par excellence, une chose individuelle (2), paraîtrait, sur ce point, se rapprocher de Wollaston.

Mais il est clair qu'en échappant au reproche d'utilitarisme, il encourrait une autre critique ; il lui faut justifier l'emploi de ce criterium moral, le vouloir logique, qui ressemble fort à une matière de la loi, au but idéal déjà entrevu peut-être par les stoïciens dans leur précepte : vivre d'accord avec soi-même. Kant n'a-t-il pas ici, par les exemples qu'il donne, violé le principe même de sa morale, et confondu les deux choses qui doivent être jugées distinctement, l'acte physique et l'intention? Un homme qui fait une fausse promesse pour se tirer d'embarras s'apercevra, dit-il, que son action est coupable, parce que, faite par tous les hommes, elle irait contre son but, elle serait inconséquente ; mais cela nous renseigne-t-il en quelque manière sur la valeur du motif, de l'intention, de

---

(1) *Critique*, tr. Barni, p. 242.
(2) Cf. un texte de Leibniz, *Corr. avec Clarke*, p. 764, cité plus loin.

la maxime qui a inspiré le mensonge? Le mensonge est coupable,
s'il vient d'une pensée égoïste : mais s'il est dicté par une croyance
morale, qu'importe cette conséquence qu'il ne servirait à rien, si
tout le monde en faisait usage ? Il suffit que dans le cas présent où
j'y ai recours, il me permette d'atteindre le but que me propose ma
conscience. L'acte physique est un moyen d'exprimer ma maxime
morale ou égoïste : il n'est rien de plus, il n'est pas cette maxime
elle-même, et n'a de mérite ou d'indignité que celle qu'il en reçoit.

Parler ainsi, dira-t-on, c'est ramener formellement le fameux
principe que la fin justifie les moyens. Au moins faudrait-il examiner s'il est des règles qui permettent de réprouver l'emploi des
moyens les plus ordinairement condamnés. Kant semble admettre
qu'une règle des moyens, qui en devenant loi générale se contre-
dirait elle-même, serait contraire à la moralité. S'il est, en effet,
de l'essence du devoir d'être universellement exécutable, une
action intérieure ou physique qui, en prenant ce caractère, ne
pourrait subsister, serait évidemment contraire au devoir. Cela
est fort clair des maximes qui sont immorales par cela seul qu'elles sont individuelles : mais comment l'acte physique, le moyen
pourrait-il être autre chose qu'individuel, que relatif à l'état et
aux ressources de celui qui l'emploie ? Si tout le monde mentait,
il est vrai que le mensonge ne servirait plus à rien : mais si tout
le monde faisait l'aumône et donnait son bien aux pauvres, que
serait-ce logiquement que la charité (1) ? Si les moyens à employer
doivent être à la portée de tous, les riches sont condamnés à des
générosités ridicules eu égard à leur fortune, et les hommes d'action à mener la vie des paralytiques. Il faut donc au nom de la
pratique reconnaître ce qu'exige la théorie, l'indifférence des
moyens, fondée sur leur rapport étroit avec notre situation individuelle. Peu importe qu'ils se contredisent quand on les applique
universellement, pourvu que l'agent qui croit devoir en user,
pense (et c'est ici une restriction purement pratique), qu'ils le
mènent au but obligatoire.

Si pourtant l'on veut bien renoncer à une rigueur chimérique
en pareille matière, on aura, croyons-nous, des règles probables

_____

(1) C'est la critique de Hegel, *Geschichte der Phil.* t. xxv, que Kant a
déjà pressentie. *Doctrine de la vertu*, p. 35.

et pratiquement suffisantes qui atteindront les manifestations physiques elles-mêmes de l'acte moral, et suggéreront des doutes sur l'innocuité prétendue de certains moyens. Tous ceux qui ruinent ou menacent de ruiner le contrat social, destiné, en garantissant nos droits, à nous rendre plus facile l'accomplissement du devoir, seront l'objet d'une légitime suspicion : le plus ordinairement, on accordera que l'assassinat et le vol n'ont que des mobiles manifestement égoïstes ; un homme qui s'y croirait poussé, comme un Poltrot de Méré, par une inspiration morale, devrait réfléchir qu'il risque de perdre la liberté et la vie, conditions dont l'une est indispensable et l'autre très utile à la moralité. Quant aux exemples plus fréquents du père qui tuerait pour venger l'honneur de sa fille, ou volerait pour procurer du pain à ses enfants, les verdicts de nos jurys révèlent assez l'incertitude de la conscience moderne devant de pareils actes.

Mais il y a plus : un acte n'est moyen, comme le mot l'indique, que s'il est employé pour une fin différente de lui-même ; moral, si la fin est légitime, immoral, si elle est coupable. Mais n'y a-t-il pas, parmi les fautes humaines, des actes qui nécessairement sont complets par eux-mêmes, ne peuvent être subordonnés à la poursuite d'aucun but extérieur, et purifiés par l'adjonction de la pensée morale qui ne trouve pas même en eux un prétexte de s'y appliquer ? Des actes intérieurs, comme ceux de l'orgueil, de l'envie, de la colère, ne sont jamais voulus à titre de moyens pour aucun but : on ne les sent point naître en soi par l'idée d'aucun devoir à remplir ; ils ont toujours, à nos propres yeux, au moins par les nuances qui en sont inséparables, une marque individuelle, personnelle, qui ne permet pas de leur assigner une provenance virtuellement universelle. Des actes physiques comme ceux de la gourmandise et de la luxure, au moins chez les hommes, se pareraient bien difficilement aussi d'une couleur de désintéressement ; le plaisir, un plaisir très variable selon les personnes et les heures, en est seul la raison ; et si l'on veut raffiner, prétendre que les plaisirs de la table et des sens servent parfois à autre chose qu'à eux-mêmes, en distrayant l'âme de pensées obsédantes et plus coupables, si l'on affirme, en s'autorisant des enseignements de la médecine, que les derniers peuvent être pris à titre de remèdes, quelle doctrine d'intérêt général ou de bonheur humain se défendrait mieux contre ces conséquences?

On peut donc, quand on ne cherche pas à se faire d'illusion à soi-même, reconnaître que certaines actions matérielles ne dérivent guère que de maximes égoïstes : mais comment, demande Schleiermacher (1), apprécier les maximes elles-mêmes; quelle règle possède-t-on pour décider si le motif d'une de nos décisions est accessible à tous les hommes? Le seul moyen qu'on ait de résoudre le problème paraît d'abord offrir des résultats étranges : les motifs individuels sont tous émanés de la sensibilité; ce sont des espérances de plaisir. Si donc l'on repousse l'excitation de ces motifs, et qu'on veuille le contraire de ce que réclame la passion, on est sûr d'agir par le motif moral. Faire ce qui déplaît, voilà le critérium des actes obligatoires. Il est très vrai que d'ordinaire le devoir prend ainsi la forme d'une contrainte, et que les natures égoïstes étant plus nombreuses que les natures dévouées, la règle que nous proposons, si elle était appliquée universellement, produirait plus de résultats utiles que nuisibles à la société (2). Il paraît cependant singulier d'affirmer qu'un homme, né avec de généreuses inclinations, qui s'éloigne du mal sans effort et fait avec plaisir, désire spontanément ce qu'on appelle le bien, doive résister à ces suggestions vertueuses, et pour se donner le mérite du sacrifice, s'adonner à la débauche et aux désordres, s'il est naturellement honnête et aimant. C'est ici qu'intervient la classification des inclinations, que nous avons présentée; si elle est véritable ou simplement spécieuse, une conscience honnête sera heureuse d'y chercher le moyen de juger ses inspirations; elle n'hésitera pas à accueillir, pour la rehausser en y adjoignant l'intention morale, l'impulsion sympathique ou esthétique, dont l'origine est elle même morale, ou la nature au moins indifférente ; et l'acte qui d'ordinaire suit de telles impulsions, elle le considèrera comme une manifestation légitime de ses sentiments de respect pour la loi.

(1) Op. cit. S. 96.
(2) On ne se méprendra pas, croyons nous, sur la pensée qui fait que nous tentons d'épargner au formalisme le reproche d'engendrer un péril social. C'est le principal grief de nos adversaires, et nous sommes obligés de nous défendre du côté où ils nous attaquent.

Il n'est pas donc nécessaire pour faire son devoir d'agir toujours contre ses affections, et le sacrifice irréfléchi et absolu de tous les désirs n'est pas le dernier mot de la morale. Les seuls qui soient condamnables sont les désirs purement égoïstes ; et encore, s'ils se produisent avec la brusquerie de l'instinct, et qu'on n'ait pas le temps de leur imposer le frein de la réflexion, ils demeurent indifférents ; c'est ce qui explique les circonstances atténuantes accordées à la passion. On peut encore satisfaire de sang froid ces désirs, si l'on trouve dans cet assouvissement un moyen d'éviter des fautes plus graves, et bien que la pente soit ici fort glissante, et la complaisance coupable très prompte à se colorer de raisons physiquement ou psychologiquement hygiéniques, la conscience est cependant mieux avertie du danger et de la faute que dans les doctrines matérielles où il est parfois impossible à l'agent de juger ses actes, appréciables seulement par leurs résultats encore inconnus, et où l'origine égoïste des suggestions n'est jamais un motif de se refuser à leur obéir. Au moins pour les kantiens, y a-t-il lieu à de grands scrupules, à de vraies tristesses, presque au dégoût de soi, si l'âme, enchaînée à des passions physiques et traîtreusement jetée au mal par leurs impatiences, cherche moins à les combattre de front qu'à les tromper et à les éteindre progressivement par des satisfactions indirectes. N'est-ce pas le conseil des moralistes les plus sages que de biaiser avec le mal, de sacrifier les vertus moindres aux plus grandes, de chercher à la passion un dérivatif qui lui ôte ce qu'elle a d'irrésistible et prépare finalement sa défaite?

Il y a d'autres fautes apparentes encore, que la morale kantienne autorise, d'accord en cela avec l'opinion commune ; elle peut justifier le sacrifice de la vertu même. Sans doute aussitôt qu'une action se présente comme bonne à la conscience, elle est obligatoire, ou, pour parler plus conformément à notre système, aussitôt que nous apercevons en nous un motif égoïste de ne pas faire une action, notre sécurité morale nous prescrit au contraire de l'accomplir. Mais la difficulté est parfois de reconnaître si au motif égoïste dont nous redoutons l'influence ne pourrait s'adjoindre un motif moral ; il ne faut pas toujours céder, par exemple, au premier mouvement de la charité, afin de se réserver les occasions et les ressources d'une charité mieux entendue ; il faut se

priver d'une vertu présente pour rendre plus féconde sa vertu
à venir (1). Toute action désintéressée est obligatoire, mais sous
la réserve qu'elle ne rende pas impossibles ou stériles d'autres
actions plus désintéressées. L'héroïsme à grand fracas, s'il a plus
de valeur esthétique, a moins de valeur morale que la vie patiente
et dévouée.

L'application de la première maxime kantienne, tempérée par
une réflexion familière avec les faiblesses du déterminisme
humain, n'est donc pas au dessus de nos forces; bien au contraire,
au reproche d'excessive austérité succèderait presque celui d'insuffisance et de mollesse. Ce dernier, très vivement énoncé par
Schleiermacher (1) vient de la nécessité où est l'agent d'attendre
de sa nature la maxime qu'il doit juger et ériger en maxime
universelle. L'existence d'un caractère tout fait, source de nos
suggestions, doit être primitive, antérieure à toute tentative pour
être vertueux. Kant ne peut réussir à condamner l'omission
d'un acte auquel l'agent a oublié de penser; et si, par exemple, la
vue de l'infortune d'un de mes semblables ne me suggère pas le
désir de le secourir, ne concevant l'idée d'aucun acte sympathique, n'ayant pas de maxime naturelle à transformer en maxime
morale, je resterai moralement spectateur sec et impitoyable de
sa souffrance. Le formalisme est une doctrine purement juridique,
un eudémonisme politique, qui en restreignant la vertu à la simple
pratique des devoirs de droit lui ôte son véritable domaine, le
superflu, qui, en morale, est le nécessaire.

Acceptons d'abord cette objection. Qu'en résulte-t-il? Que
chacun n'a de vertu que ce qu'il en veut avoir, que les consciences moins délicates sont plus facilement quittes envers le
devoir, et que notre imagination, sympathique ou égoïste, est la
première disposition naturelle sur laquelle on nous doit estimer.
Mais n'est-ce pas là le jugement ordinaire des moralistes qu
savent envisager le devoir, non comme une contrainte servile,
mais comme une règle qui fait la dignité de l'homme? Deman-
de-t-on la même délicatesse et les mêmes scrupules à l'être
inculte et enfoncé par le hasard de sa naissance dans la vie

(1) *La Morale*, p. 536.
(1) Op. cit. S. 54, 95, 96.

matérielle, qu'à l'homme cultivé, habitué à contempler les choses idéales? Si le devoir ne prescrit à chacun que d'agir selon sa capacité, pourquoi vouloir être plus exigeant que lui? Et pourquoi décider à priori que tous les hommes sont tenus d'agir de la même façon? De l'aveu de Kant, la loi morale a seulement le caractère limitatif; le gouvernement de l'homme par lui-même ne commence qu'assez tard et ne s'étend pas à toutes ses actions.

La réflexion, en effet, est nécessaire pour que les fins proposées par la nature puissent être élevées au niveau de fins morales, et les actes où la réflexion ne réussit à apercevoir aucun caractère de vice ou de vertu sont indifférents. « Celui-là, dit Kant, peut être appelé fantastiquement vertueux qui ne reconnaît rien d'indifférent en morale et qui, pour ainsi dire, jonche de devoirs, comme d'autant de chausse-trapes, tous ses pas (1) ». C'est qu'en effet, lorsque la moralité de l'homme dépend d'un but objectif et externe qu'on lui propose d'atteindre, chacune de ses démarches peut, à son insu, l'en rapprocher ou l'en éloigner, sans que son ignorance lui serve d'excuse et lui ôte l'angoisse de mal faire ; mais une règle prohibitive, qui réclame l'obéissance sans en faire le moyen d'une autre fin, et qui n'existe que dans la conception du sujet, ne trouve pas toujours l'occasion de se faire écouter. Tous les actes, par exemple, pour l'application desquels la scolastique avait inventé la liberté d'indifférence, sont incapables de recevoir aucune qualification morale, et dépendent d'habitudes qu'on ne peut chercher à créer, du moins directement, par la méditation stérile d'une loi vide ; même cet examen à outrance, portant sur les infiniment petits de la vie morale, aurait plutôt le fâcheux résultat de décourager l'esprit, de le tenir dans une inquiétude perpétuelle, et de lui inspirer finalement des doutes sur la valeur d'une règle, impuissante à le guider et à le délivrer de scrupules incessants.

Même dans beaucoup d'actions plus graves, et où il semble que l'idée morale devrait diriger actuellement notre conduite, la réflexion n'intervient pas et nos actes gardent pourtant un caractère moral : c'est qu'en effet, certaines de nos décisions règlent nonseulement nos démarches présentes, mais pour longtemps et

(1) *Doctrine de la vertu*, p. 61.

parfois d'une manière irrévocable, nos démarches futures qui conservent, réfléchies ou non, l'empreinte de cette résolution primitive. Le choix d'une carrière, par exemple, le mariage, l'éducation de ses enfants, interdisent à l'homme tout un champ de vices, mais aussi de 'vertus, et lui prescrivent d'avance le cadre de son héroïsme et de ses défaillances. Nous sommes chacun à un poste où nous rencontrons une consigne morale appropriée à notre état, et dont l'observation s'intercale dans une vie dont les nécessités sociales déterminent, sans consulter notre choix libre, la direction particulière ; nous ne pouvons pas obéir même à l'idée du dévouement naissant à la suite de circonstances imprévues, si un tel dévouement aboutit à nous ôter le pouvoir de remplir des devoirs dès longtemps acceptés pour toute la vie, avec les obligations personnelles, les sacrifices d'intérêt ou de vertu qu'ils imposent, comme celui de nous bien acquitter des fonctions que la société nous confie, ou de rendre heureuse, morale même, si nous en avions le courage, la famille que nous avons jetée dans la vie.

M. Janet cite très justement, par exemple, ce qu'il appelle le brillant suicide de Byron, et le considère comme une désertion du devoir véritable qui incombait au poète, celui de rendre la paix au foyer domestique qu'il avait promis de protéger. Parfois l'héroïsme le plus éclatant, bien loin donc de venir d'une maxime désintéressée et obligatoire, marque seulement la lassitude qu'on a d'une vie faite de devoirs obscurs. Il ne faut donc point se consumer en regrets stériles, en réflexions impuissantes à changer le passé; mais, quand on a cru prendre moralement une de ces décisions qui influent sur toute l'existence, il faut en accepter avec sérénité les conséquences même agréables, et suivant la forte expression de Bossuet à la sœur Cornuau, se dilater et marcher en liberté.

Il y a plus : ces grandes et importantes résolutions, est-il aisé de les former à la clarté seule du devoir, est-il possible d'appliquer la maxime si vague du désintéressement aux circonstances infiniment complexes qu'il faut envisager dans de telles résolutions ? Qu'il s'agisse d'une carrière ou d'un mariage, l'agent apercevra clairement quels devoirs lui impose le choix qu'il aura fait ; mais sait-il quel choix le pur devoir lui prescrit de faire ? Est-il assuré de mieux éviter les chutes par un parti que par un autre : s'il se défie de ses forces, il a, d'un côté, la crainte de ne pas être à la

hauteur des charges qu'il accepte, de l'autre, celle de ne pas résister aux tentations de la vie inactive, ou de ne pas échapper aux
périls que la vie solitaire ne fait pas courir qu'à lui seul. Dans
chacun des chemins ouverts devant lui, c'est aussi bien l'égoïsme
que le désintéressement qui peut le pousser; que faire alors, sinon
constater et subir les limites de sa liberté et s'abandonner à l'instinct? S'éclairer par la coutume et l'exemple, consulter ses goûts
les plus délicats qui peut-être sont d'origine morale et préservent
des fautes qui sont plus à éviter que le mérite n'est à poursuivre, écouter le louable désir d'être utile à ses semblables, et
choisir ainsi la situation qui convient le mieux à ses aptitudes et à
son tempérament, en purifiant ce choix naturel par le ferme
propos de tenir avec fidélité les engagements qu'il impose, n'est-
ce pas le conseil de la prudence, et qui pourrait le taxer d'égoïsme ?
L'homme est comme un mécanicien qui, malgré tous ses efforts,
ne peut changer la voie où s'engage sa machine ni par conséquent
la conduire où il veut, mais qui, sur les rails où l'a placé l'ai-
guilleur, peut la conduire comme il le doit; ou, si l'on aime
mieux, c'est un sculpteur qui reçoit en venant au monde un bloc
de marbre plus ou moins considérable dont il devra tirer le
meilleur parti; l'un en a ce qu'il faut pour faire une statuette,
l'autre un groupe aux vastes proportions ; mais la liberté de chacun est sauve, parce que le marbre, avec des veines qui marquent
de préférence telle ou telle figure, est cependant capable de les
recevoir toutes ; l'essentiel est que chacun travaille et lui donne
la forme humaine. On pourrait définir la morale comme Bacon
définit l'art : homo additus naturæ. Mais, soit par le fait de nos
dispositions innées, soit par l'influence des circonstances environnantes, la nature est marquée en chacun de nous de traits personnels qui nous attachent non pas au Devoir, idéal immuable, dont
la réalisation nous imposerait à tous une même et uniforme conduite, mais à un devoir déterminé, qui délimite pour chacun
une sphère propre d'obligations et de fautes, au sein de laquelle
seulement peut s'exercer la spontanéité morale. Schleiermacher
qui a insisté si fort sur la nécessité de ne pas négliger en morale
le rôle de l'individualité, aurait dû comprendre que celle-ci n'est

(1) Op. cit. S. 50.

qu'un autre nom de ce caractère primitif dont il reproche à Kant de supposer l'existence préalable.

Bien plus, nous croyons que cette existence préalable qui limite, sans la détruire aucunement, la fonction de l'idée du devoir, permet de préserver presque définitivement le formalisme du danger d'autoriser toutes les fantaisies de l'intention morale. On dit : pourquoi ne concevrait-on pas comme universelle l'obligation de voler, de tuer, de se livrer à la débauche ? Parler de la sorte, c'est admettre l'hypothèse d'une liberté d'indifférence en vertu de laquelle l'homme imaginerait, sans motif, des moyens de pratiquer l'obéissance au devoir. Mais si nos actes ont toujours un motif premier, primo-primus, pour parler la langue scolastique, dans les traits particuliers de notre nature, la réflexion n'est-elle pas capable de le discerner, la conscience de s'inquiéter s'il lui paraît émané d'inclinations égoïstes, l'activité physique de s'arrêter au moment de réaliser un dessein d'origine aussi suspecte ? Et c'est le résultat salutaire du déterminisme qu'il puisse servir de guide et de critérium à la liberté.

Enfin ce déterminisme lui-même, n'en sommes-nous pas pour une grande part les auteurs ? A côté des instincts apportés en naissant, imputables soit aux lois redoutables de l'hérédité, soit aux caprices de la nature, n'y a-t-il pas les instincts acquis, les habitudes par nous contractées, et qui forment le fond moins fatal et mystérieux qu'on ne le dit, d'où surgissent les suggestions que nous voudrions trop complaisamment attribuer au hasard de l'idiosyncrasie psychologique ? Celui qui n'a point d'inspirations charitables, qui n'a en morale que ce que Rousseau appelait l'esprit de l'escalier, ou qui est obsédé de pensées troublantes, est-il sûr de n'avoir pas, par son apathie ou sa mollesse, découragé les unes et enraciné les autres ? Ne pouvait-il se faire un cœur plus prompt à souffrir de l'infortune d'autrui, et moins tendre à ses propres faiblesses ? L'habitude de vivre en solitaire, de goûter même les jouissances égoïstes de l'art et de la science, sans aller aussi souvent qu'il faudrait s'émouvoir au spectacle de la misère ou à la confidence des tristesses d'autrui, paralyse chez le méditatif le ressort charitable qui pousse l'homme d'action à secourir son semblable. On se blâme, quand l'occasion de faire le bien est passée, de n'avoir pas imaginé les moyens de l'accomplir ; on a le remords d'une paresse morale, d'une stérilité d'invention qui nous fait passer sans la voir et sans l'entreprendre, à côté d'une bonne action ou nous la fait laisser inachevée : preuve certaine que le péché par omission existe, parce que cette omission prétendue involontaire, nous l'avons préparée par notre négligence.

De là aussi la valeur des élans moraux, des aspirations vers le bien, des désirs de vertus auxquelles une âme généreuse se sent parfois prête sans trouver autour d'elle la matière du sacrifice. Et, quant aux pensées mauvaises, qui viennent vraiment non des habitudes acquises, mais de la nature innée, nous pouvons y trouver une occasion de mérite si, lorsqu'elles se présentent, nous essayons de les repousser. La moralité qui réside dans les actes intérieurs gouverne non-seulement les volontés délibérées, mais encore les velléités et les désirs, qui en sont la première source.

Par cette nécessité d'une nature suggestive, dont l'activité précède et délimite celle même de la liberté, la morale kantienne justifie et reprend à son compte les principes de la sagesse et de l'expérience populaires. L'éducation, dont l'idée seule, appliquée à un pouvoir absolu, immobile, identique en tous, tel que la liberté, paraissait une contradiction, recouvre son rôle et sa valeur, dès qu'il s'agit par elle non plus d'évoquer le moi surnaturel, mais de préparer les conditions naturelles de son apparition, et le milieu que sa présence répétée doit transformer. Sans doute, il ne faut pas oublier que le déterminisme qu'on veut produire ainsi n'est qu'un moyen exigé par les défauts d'une imagination incapable d'inventer à priori, et il ne faut user qu'avec prudence des peines et des récompenses dont la pensée altère vite dans notre âme la vraie notion du bien: mais la formation des bonnes habitudes, suggestives d'actions vertueuses ou préservatrices de tentations mauvaises, lorsqu'elle est due à un sage emploi du temps, au goût du travail qui écarte les tentations, peut être engendrée par les conseils persuasifs autant que par les menaces du maître, par l'obéissance confiante et aimante de l'élève autant que par sa crainte ; une fois acquises, elles sont les lingots précieux que la liberté monnayera et marquera de son empreinte comme des médailles de vertu. A plus forte raison, si ce déterminisme riche en suggestions morales, et qui est ce qu'on appelle d'ordinaire une conscience scrupuleuse et délicate, est l'œuvre directe de la liberté agissant avec réflexion, est-il un guide sûr pour l'appréciation de nos maximes.

De ce long examen de la première règle de l'éthique que Kant juge avec raison la plus importante, il semble donc résulter que concernant l'intention, non les actes, elle prescrit le désintéressement sans imposer le sacrifice aveugle, et que sous une forme plus concrète elle s'énoncerait ainsi : Dévoue-toi et fais-toi un cœur dévoué.

Examen des objections de Schleiermacher, Trendelenburg, Paul Janet :
la maxime contredit-elle le principe du formalisme ? — Critique dogmatique de la maxime. — Comment on peut essayer de la justifier, et des
moyens de la mettre en pratique. — Elle ôte à la morale kantienne son
caractère négatif.

L'étude de la deuxième règle de Kant nous arrêtera moins longtemps. Elle s'énonce ainsi : Agis toujours de telle sorte que tu traites
l'humanité, soit dans ta personne, soit dans la personne d'autrui,
comme une fin et que tu ne t'en serves jamais comme d'un moyen.
Schleiermacher reproche d'abord à Kant de n'avoir déduit d'aucun
principe cette pluralité et cette communauté des êtres raisonnables qui sert de fondement à l'expression de la loi, et dont la supposition est si nécessaire que, sans elle, la loi deviendrait un
« oracle incompréhensible » (1). L'objection peut-être porte contre
Kant et sa malencontreuse prétention de construire toute la
science morale à priori : mais si l'on renonce à ce dessein chimérique que ne comporte point la croyance au devoir, on acceptera
la pluralité des êtres raisonnables comme un fait empirique, mais
dont l'indéniable existence crée, pour notre globe, des règles
déterminées, contingentes par leur principe dernier, mais obligatoires pour nous autres hommes.

Ce qu'on objecte encore à cette maxime, c'est que Kant (2)
rétablit ici par elle et d'une façon détournée la nécessité d'une
matière de la loi. Le concept de l'humanité fin en soi détermine le
contenu du devoir et constitue la raison de notre obéissance. On
pourrait accorder le premier point et contester le second. Autre
chose est dire : fais ton devoir en respectant l'humanité, autre
chose : fais ton devoir pour respecter l'humanité, parce que
l'humanité a par elle-même, et sans tenir compte de ses rap-

(1) Op. cit. S. 21. Cf. S. 00.
(2) Trendelenburg S. 188, Schleiermacher S. 43, P. Janet, *La Morale*,
p. 40.

ports avec le devoir, une essence respectable. Mais au fond, que signifie ce mot humanité ? qu'est-ce qui, aux yeux de Kant, communique quelque dignité aux êtres humains, et les met à part parmi les créatures ? c'est la liberté ou faculté d'agir selon la loi, c'est-à-dire la moralité même. Dans le vrai, la maxime de Kant aboutit à une tautologie : prends ta moralité pour fin en soi, ce qui est une proposition analytique, puisque l'acte libre ne peut servir de moyen pour aucune autre fin. Quant à ces mots : traite l'humanité dans autrui comme une fin en soi, il faut reconnaître que Kant les a subrepticement ajoutés, et sans démonstration. Pour que l'adjonction fut valable, il serait nécessaire de prouver que la moralité d'autrui est logiquement contenue dans la mienne, est le moyen légitime et indispensable de la mienne. C'est ce que nous avons essayé de faire dans notre étude sur l'origine du droit.

Le respect que nos semblables porteront par devoir à ma liberté physique m'assure une initiative morale plus étendue, plus féconde que je dois souhaiter de posséder : car je n'ai jamais que des raisons égoïstes de fuir la possibilité de nouveaux devoirs. On objectera peut-être qu'au contraire, cette initiative plus grande effraiera les âmes timides qui s'applaudissent de vivre dans une condition étroite où elles se sentent à l'abri contre elles mêmes et sûres de la droite ligne, qui redoutent les avantages matériels, quels qu'ils soient, qui rendent plus pénibles à leur amour propre mondain l'abstinence d'un mal facile et parfois brillant : elles refuseraient, dira-t-on, d'être libres par crainte de mal user de leur liberté. Cela est vrai, mais la liberté physique assurée par le contrat social est plutôt un minimum d'indépendance nécessaire à la pratique du devoir qu'un privilège capable de créer pour nous des devoirs particuliers. A ceux pourtant qui, par une défiance parfaitement sincère de leurs forces et non par l'apathie d'une nature lassée d'être chargée d'elle même, souhaiteraient la diminution et la perte de leurs droits, il n'y aurait rien à répondre ; il ne faudrait pas surtout chercher à émouvoir leur orgueil en leur vantant ces prérogatives d'homme libre dont la possession leur apporte seulement les tentations d'homme passionné. Mais l'abandon volontaire de leurs droits individuels ne les conduira que davantage à respecter les droits d'autrui ; ils ne demanderont pas mieux que de diminuer leur liberté au profit de celle des autres, et cette humanité dont ils déclinent le glorieux fardeau sera pour eux chez les autres un objet de timide, presque d'envieuse vénération.

Ce n'est pas tout : on peut refuser le concours physique d'autrui par crainte d'être au dessous des devoirs qu'il impose en les rendant désormais praticables ; on en doit toujours rechercher le concours moral si nécessaire à notre faible nature. La moralité est contagieuse comme le vice, et plus on a peur de soi, plus on est obligé à rechercher les bons exemples, et intéressé à les trouver parmi son entourage. Là, on les aperçoit à leur vraie source, dans l'intention : car l'intimité avec nos semblables où se révèlent peu à peu et naïvement, parfois cyniquement, leurs tendances et leurs idées, nous permet d'apprécier non-seulement leurs actes, mais encore leurs mobiles et leurs sentiments : et si ceux-ci, conformes peut-être aux lois mondaines dont l'observance assure le succès, sont toujours étrangers au devoir, n'est-il pas à craindre que l'exemple n'affaiblisse peu à peu en nous le sens moral, ne nous fasse envier des triomphes coupables, porter plus impatiemment le fardeau de notre vertu, rougir d'une servitude volontaire qui nous désigne presque aux railleurs, si bien que nous ne gardons plus devant les autres et devant nous-mêmes l'apparence de la moralité que par l'absence d'occasions qui finissent toujours par arriver? Qu'elles viennent ou non, d'ailleurs, le mal, puisqu'il réside au fond du cœur, est déjà fait, et profondément; car une âme lâche qui, au contact des mauvais exemples ou des fanfaronnades du vice, se laisse dépouiller lentement de ses scrupules et de ses délicatesses, qui parfois a le regret honnête de les avoir perdus, mais souvent le regret coupable de les avoir perdus trop tard pour ses plaisirs, est plus sûrement viciée qu'aucune autre ; la sensitive, endormie par le chloroforme, quand l'action du toxique a disparu, recouvre sa pudeur, mais le cœur, soumis à l'anesthésie morale, ne retrouve pas la sienne. Aussi la même règle prudente, fondée sur notre faiblesse, qui nous prescrit de choisir des compagnons honnêtes, nous ordonne également de travailler à faire germer chez nos semblables de bons sentiments qui sollicitent et affermissent les nôtres, elle nous commande de prendre pour fin en soi leur « humanité ».

Mais comment y réussir? Ici se justifie en somme la distinction
établie par Kant entre les devoirs de droit et les devoirs de vertu:
les premiers qui consistent dans des actes extérieurs déterminés,
et dont l'accomplissement peut être imposé par la contrainte, les
seconds qui résident uniquement dans les actes intérieurs de la
bonne volonté. En remplissant ceux-là, j'aide à la moralité
d'autrui; et j'assure le respect de la mienne ; je la sauvegarde
pour l'avenir. Je puis même encore chercher à diminuer pour les
autres les occasions de déployer leur liberté morale. L'individu
et l'État auraient le droit d'essayer de constituer une société où
le libre arbitre ne trouve pas trop souvent sa place: car cette
place, il la partage nécessairement avec la tentation du mal.
Sans manquer de respect au devoir, nous pouvons accepter d'être
protégés contre nous-mêmes, et nous applaudir de ne subir, par
suite de l'organisation sociale, que des tentations si impossibles à
satisfaire qu'elles effleurent à peine notre pensée, et finissent
même par ne plus reparaître. Un tel mécanisme où nous sommes
engrenés nous épargne sans doute plus de chutes qu'il ne nous
ôte de vertus, et c'est le point essentiel. La loi morale, en effet,
telle que nous l'avons définie, commande seulement, quand il
faut agir, d'agir par respect pour elle ; mais il suffit, pour se
conformer à sa lettre et à son esprit, d'attendre que la nature
nous mette dans la nécessité d'agir, et si nous avons recommandé
plus haut l'acquisition d'une nature morale, c'est seulement parce que celle-ci développe l'imagination qui invente
les moyens d'agir, et la sensibilité louable qui les met à
notre portée. Ne pas faire ou plutôt ne pas vouloir le mal, encore
une fois, voilà la première règle qu'impose le devoir ; et tout
mécanisme mental ou même physique, qui écarte de nous jusqu'à
la velléité du mal, est essentiellement moral. Diminuer en nous et
en autrui le rôle de la nature originelle est toujours permis et
commandé, pourvu qu'on n'use pas, à cet effet, de moyens qui
précisément n'auraient de prise que sur cette nature. Il faut être
bien sûr de la vertu des autres pour leur tendre le piége d'une
bonne action qu'ils n'auraient pas conçue spontanément, et la
prudence qui nous prescrit la modestie pour le compte d'autrui
nous la commande encore mieux pour nous-mêmes.

Si, donc, je me trouve par le hasard de ma naissance ou les

heureux efforts de mes semblables, dans une société où l'invention et la réalisation du bien soient faciles et presque inutiles, tant mieux pour moi : ma moralité a beaucoup plus de chances d'y gagner que d'y perdre ; car elle ne consiste pas essentiellement dans l'effort et la lutte, qui ont plus souvent pour résultat la défaite que le succès de l'agent. Entre la contrainte physique qui ne produit que des actes dont la maxime sensible ressortit à un égoïsme peureux, et l'encouragement des bons exemples qui s'adressent aux âmes déjà morales, il y a, mécaniquement obtenue et par des moyens inconnus du sujet même qui en profite, la diminution des occasions de mal vouloir.

Enfin chacun peut faire mieux encore, et non content de cette réserve ou de ce travail occulte qui constitue une société seulement politique et non morale, il peut chercher à pénétrer au cœur de ses semblables. Les exhortations, les sages conseils, surtout les vertueux exemples ont peut-être quelque influence sur le perfectionnement intérieur des autres, et, par une réaction salutaire, nous reviennent ensuite de leur part pour nous aider à faire le bien. Nous semons en eux pour récolter en nous. Ainsi, on le voit, s'étend de plus en plus la sphère où doit s'exercer la liberté, et par l'obligation de travailler à l'amélioration sociale, le formalisme perd le caractère de morale négative qu'on lui a si souvent reproché. Puisque la moralité d'autrui est à la fois la condition et la conséquence de la mienne, je suis obligé à sortir, pour ainsi parler, de moi-même, à ne pas m'en tenir à la simple observation de préceptes prohibitifs, mais à faire grandir le cercle de ma vertu jusqu'à y comprendre celle des autres ; et dans cette extension du devoir par laquelle chaque homme porte, pour ainsi dire, en soi le destin moral de l'humanité tout entière, on trouverait aisément de quoi donner libre carrière à l'initiative individuelle et aux inventions de la vertu.

La vie, au moins pour les natures moyennes, n'est pas si compli-
quée qu'on le dit, et nous sommes trop promptement enserrés
dans le réseau des liens sociaux, trop vite attachés à parcourir
une orbite déterminée, pour que les difficultés de la décision morale se présentent très fréquemment. Il est pourtant vrai que ce
qu'on appelle le conflit des devoirs a parfois lieu, et que le formalisme ne doit pas être hors d'état de le résoudre. De deux actes
qui paraissent inspirés au même degré par le motif moral, lequel
faut-il choisir ?

Faisons tout d'abord remarquer la supériorité que le kantisme, à
cet égard, a sur les autres doctrines. Ce qu'on appelle, improprement

du reste, le conflit des devoirs n'y existe réellement pas : car, s'il n'y a pour moi de devoir que la résolution morale qui se manifeste indifféremment par tel ou tel acte physique, ce que j'ai cru être obligatoire, voilà ce qui, en effet, était obligatoire. Si au contraire la bonne volonté n'a elle-même que la valeur d'un moyen, en quoi justifie-t-elle l'agent qui, de deux actions inégalement conformes au Souverain Bien, aura choisi la moins conforme, par ignorance ? Toute sa bonne foi ne lui sert de rien, il est positivement coupable : or, est-il si facile de discerner toujours quelle démarche contribue mieux au salut public, ou à l'accomplissement des décrets de Dieu?

Mais on aurait tort de s'autoriser de cette conséquence pour n'apporter aucun scrupule au choix de ses actes ; s'il est vrai que pour une âme instinctive l'action suive de si près la volonté qu'à peine celle-ci ait le temps d'entrevoir deux partis à prendre et d'hésiter entre eux, l'homme réfléchi, qui se soustrairait à l'examen préliminaire de ses motifs d'agir, chercherait sûrement à se dissimuler quelque raison secrète et égoïste, qui, sous le couvert de l'équivalence morale entre deux partis, le détourne d'une résolution plus contraire à ses passions individuelles, condamnées par la première maxime de Kant. Une paresse coupable, ou la crainte d'apercevoir qu'un parti exige plus de sacrifice qu'un autre, telle serait la seule cause d'une irréflexion très volontaire et d'une indifférence très intéressée.

Mais quels moyens une conscience honnête a-t-elle à sa disposition pour établir une hiérarchie morale entre des actes physiques? On objecte d'ordinaire au stoïcisme dont nous reproduisons les théories que, pour lui, toutes les fautes ont même gravité et toutes les vertus même valeur : car la volonté d'agir par respect pour une loi formelle, volonté qui constitue la seule action morale, est partout identique à elle-même; elle est ou n'est pas, comme nous l'avons reconnu. Elle n'est capable ni de plus, ni de moins. De là les conséquences ordinairement reprochées au formalisme de nier toute possibilité d'un progrès moral dans l'espèce ou dans l'individu, de favoriser l'apathie théorique et pratique, chez des consciences qui ne pourront jamais s'élever au-dessus d'elles-mêmes, ni des autres.

Pour juger la valeur de ces critiques, il faut juger les éléments d'appréciation par lesquels d'ordinaire on établit une hiérarchie entre les devoirs et les fautes. On use de deux critérums, d'origine diverse, l'un qui parait emprunté au réalisme, et l'autre à notre doctrine, celui de l'importance et celui de la difficulté. Il va sans dire que l'application de ce dernier est bien malaisée à accepter selon des doctrines où, objectivement, la fin justifie les moyens, où le résultat importe seul, qu'il soit ou non péniblement obtenu. Mais voyons s'il est possible d'employer ces criteriums et quels résultats ils donneraient d'après le formalisme.

Un devoir, sous son aspect matériel, c'est un objet, une fin que je me propose d'atteindre, non à cause de ses caractères intrinsèques et agréables à ma sensibilité, mais en vertu du caractère moral que je lui suppose par une inspiration plus ou moins spontanée de ma raison pratique. Mais au-dessus de tous les devoirs particuliers dont les différents évènements de la vie peuvent m'imposer l'accomplissement, existe le devoir plus général de me considérer comme le sujet de la loi morale, et de ne rien faire pour m'ôter directement les occasions de mériter ce titre. Or, parmi les actions ordinairement prescrites par les codes au nom de l'intérêt utilitaire, il en est beaucoup qui seraient aussi bien dignes d'être commandées au nom de l'intérêt moral. Ce sont celles qui ont pour objet la protection des rapports sociaux fondés sur la justice. Le respect des droits d'autrui est mon premier devoir, parce qu'il doit servir à garantir le respect des miens ; si l'on admet que je sois tenu à m'assurer, dans la mesure de mes forces, le libre exercice physique de ma moralité, on reconnaîtra comme plus graves les fautes qui compromettraient non seulement ma vertu présente, mais encore ma vertu à venir, et comme plus pressants les devoirs dont l'accomplissement, sans me conférer encore aucun mérite moral, laisse intacte en moi la puissance de manifester à ma guise mon respect pour la loi. Sans doute, puisque le devoir nous suit partout et se proportionne aux circonstances où nous sommes placés, nous pourrions, par un acte antisocial, nous faire enlever pour quelque temps notre liberté physique, et rester capables de vertu. Cela est vrai, à la rigueur : mais, qui nous assure que nous remplirons mieux nos devoirs de prisonnier que nos devoirs de citoyen libre, et que le bagne sera pour nous, plutôt que la famille ou la cité, une école de résignation ou de vertu? Dans le doute, pourquoi renoncer à notre situation actuelle et aux secours qu'elle nous offre pour la formation des idées et l'accomplissement des œuvres morales? Ainsi, si l'on veut accepter les enseignements de la vie réelle, et tenir compte du train ordinaire de la conduite humaine, on jugera, sans prétendre édicter de règles absolues, qu'il y a des actes matériels plus importants les uns que les autres, et qu'il faut de préférence accomplir ou éviter.

Mais peut-être et plus sûrement encore, obtiendrait-on la même conclusion, en considérant les fins pratiques non plus par rapport au droit, mais en elles-mêmes. On verrait, croyons-nous, que chaque individu, selon les exigences de sa nature qui lui sont sans doute particulières à certains égards, mais pour la plus grande partie communes à lui et au reste de l'humanité, aperçoit entre les fins de son activité des degrés de valeur morale, et établit une hiérarchie entre les résolutions vertueuses par lesquelles il décide de les poursuivre. C'est que, si les bonnes résolutions sont, par essence, identiques les unes aux autres, et que dans la sphère du monde moral tous les actes de bonne volonté soient équivalents, les objets de notre activité physique n'ont pas cette uniformité abstraite, et que la diversité et l'inégalité se retrouvent dans le monde naturel. Les dissemblances profondes qui existent entre les fins matérielles influent sur la décision morale elle-même, en la forçant non à s'améliorer, mais à se multiplier : on oublie toujours que l'acte n'a qu'une valeur expressive, et son mérite varie en raison du nombre de bonnes résolutions qu'il peut exprimer.

Les fins ne sont pas, en effet, nues et indéterminées ; elles ont toutes des caractères qui les distinguent les unes des autres ; les uns, objectifs et immanents, qui ne changent pas, quel que soit le sujet qui les recherche; les autres, relatifs à ce sujet, et qui sont les moyens par lesquels il les peut atteindre. Que l'idée morale intervienne ou non, dans l'examen des fins, elles gardent leur aspect propre qu'elles tiennent des circonstances parmi lesquelles elles s'offrent à notre activité. La théologie morale résumait ces circonstances dans le vers suivant :

Quis, quid, ubi, quibus auxiliis, cur, quomodo, quando,

et il est hors de doute que, dans un acte délibéré, la réflexion s'arrête longuement sur elles. Par exemple, pour un chrétien, le lieu où il commettrait une faute par laquelle il obtiendrait l'objet qu'il convoite, une église, le temps où il manquerait à son devoir, le carême, pour l'homme naturel, la profession qu'il exerce et qui rend au jugement commun certains manquements plus faciles mais aussi plus graves que d'autres, la qualité de l'objet désirable, les instruments matériels ou humains dont il use pour se le procurer, les raisons d'ignorance, de passion ou d'habitude qui le sollicitent, tout cela est matière à délibération.

Il y faut joindre encore les conséquences de l'action qui ne peuvent être, sous le rapport moral, complètement indifférentes à la décision, puisque la réflexion les prévoit d'ordinaire et en tire les motifs de la conduite. En effet, un acte séparé de ses résultats probables n'est rien pour l'esprit qui délibère ; ce sont eux, lorsqu'on fait abstraction de toute considération morale, qui déterminent nos résolutions. Agir sans se préoccuper des suites de son action, n'appartient qu'aux êtres doués de la liberté d'indifférence, qui voudraient, pour ainsi dire, à vide, sans vouloir quelque chose. Comme le dit Leibniz, « on n'a jamais une raison suffisante pour agir quand on n'a pas une raison suffisante pour agir tellement, toute action étant individuelle, et non générale ni abstraite de ses circonstances et ayant besoin de quelque voie pour être effectuée (1)». L'agent moral a donc le droit et le devoir, pour guider sa liberté, d'examiner les conséquences probables de sa résolution, tout autant que les moyens qu'elle réclame. Il y trouve les criteriums dont il a besoin pour apprécier la pureté de ses motifs : car il est bien rare qu'on puisse vouloir moralement une fin sans importance qui requerrait des moyens très coupables ou dont la possession aurait des résultats favorables seulement à nos mauvaises passions. Il est donc vrai de dire que le spectateur ne doit pas juger un acte par ses conséquences : mais l'agent ne peut connaître et vouloir un acte que d'après ses conséquences.

On peut ajouter encore, pour faire voir leur rôle légitime dans la délibération, qu'elles font, pour ainsi dire, le lien de la liberté et de la nature, puisque, voulues par la première, elles se produisent conformément aux lois de celles-ci. Par l'influence de l'en-

---

(1) *Correspondance avec Clarke*, éd. Erdmann, p. 761.

grenage social où elle est contrainte d'agir, la volonté cesse d'être
le respect d'une forme vide ; et le sacrifice, complet par soi-même,
mais abstrait, qu'elle produit est fécondé par la nécessité de se produire dans un monde de phénomènes enchaînés les uns aux autres.
Les abstinences morales, voulues pour elles-mêmes, entraînent
ainsi mécaniquement des résultats utiles ou nuisibles à notre bien-
être ou au bien-être social, qui achèvent de définir nos actes, et
dont l'agent moral, rapidement instruit par l'expérience, ne peut,
au moment de vouloir, détourner les yeux.

Mais il est clair que toutes ces conditions changent le caractère de la résolution dont la moralité est enrichie ou
appauvrie proportionnellement aux circonstances naturelles. Si
en effet, la fin, par ses traits divers, n'offre d'attraits qu'aux
inclinations égoïstes et coupables, repousser la fin en connaissance
de cause, c'est repousser, au nom de la loi, non pas un seul, mais
plusieurs plaisirs défendus, c'est opposer plusieurs fois par
suite le motif moral aux suggestions mauvaises des diverses
passions. La résolution finale par laquelle je renonce à l'objet
convoité résume donc plusieurs résolutions morales, et a d'autant
plus de valeur qu'elle en résume davantage. Or, ce serait bien
ignorer le mécanisme ordinaire de nos décisions d'y voir des
saillies brusques de l'âme, courant à l'aveugle à la satisfaction de
ses désirs ; et l'acte moral, qui n'est tel qu'à la condition d'être
délibéré, exige ce long examen qui souvent précède fort à l'avant
une faute ou une bonne action considérée comme éventuelle, et
qui nous fournit à plusieurs reprises l'occasion de manifester
intérieurement, dans la vraie sphère où s'exerce la moralité, notre
vertu ou nos faiblesses.

La fin, au contraire, est-elle conforme à des aspirations sensibles
d'une origine morale, comme la sympathie ou la pitié ? Dans le
désir rapidement conçu qui nous porte vers elle, nous recueillons le fruit de nos efforts antérieurs, et notre décision facilement
prise a la valeur des décisions précédentes qu'elle représente.
C'est un acte important que celui qui résume notre moralité et en
marque le progrès précis. La réflexion ici ajoute encore à notre
caractère moral par le nouveau trait de désintéressement qu'elle
y imprime : mais si elle est absente et devancée par la promptitude
des instincts acquis librement, la spontanéité de la décision ne

fait que plus d'honneur à nos habitudes de docilité envers la loi. La concience peut de plus, après le brusque désordre de la résolution instinctive, se reconnaître pour ainsi dire, apercevoir son influence invisible et présente dans la bonne action si impétueusement faite, et fortifier de la sorte son pouvoir occulte dissimulé sous l'élan de la sensibilité. Inversement, se refuser à un acte également dicté par la loi morale et par l'instinct sympathique constitue un manquement très grave; manquer au devoir qu'un passé de vertu nous rend facile et aimable, c'est détruire autant qu'il est en nous, avec notre moralité présente, ce passé même, et exprimer par notre conduite le regret d'avoir été bons.

Enfin si la bonne action à la fois répugne à des inclinations égoïstes, et sollicite des inclinations vertueuses, l'importance en est appréciable d'après l'intensité de ces diverses inclinations. Si la résolution finale est conforme au devoir, elle aura moins de valeur actuelle, car elle ne représente que le résidu de volonté nécessaire pour faire triompher les bons instincts des mauvais. La lutte établie entre la nature et la moralité accumulée dans l'habitude est terminée par un effort dont le prix est tout relatif au caractère que s'est librement façonné l'individu.

Il ne faut donc pas dire que toutes les bonnes actions sont égales, parce que tous les actes de libre arbitre sont égaux; car le fait matériel, sur lequel on prétend juger notre moralité, ne révèle que très imparfaitement et les mobiles de notre conduite, et le prix que la concience attache à celle-ci; il est le résultat final d'une délibération où peut-être l'égoïsme seul a figuré, où peut-être à plusieurs reprises l'idée morale a dû triompher des résistances de la passion. Il est juste de reconnaître que cette inégalité des actes méritoires est proportionnelle à l'état d'âme des agents individuels, et ne peut servir à édicter des règles absolues, sans exception; mais aussi est-ce là un résultat qu'il est impossible, dans aucune doctrine, d'ambitionner.

On voit que des deux éléments qui concourent à l'appréciation des actes, l'importance et la difficulté, le formalisme ne peut guère envisager que le dernier auquel il ramène l'autre, précisément à l'opposé des autres théories. Mais il se produit alors par l'application exclusive de ce criterium des objections qu'il faut encore examiner. Si la difficulté de l'action en fait la valeur morale, parce qu'elle rend nécessaires les efforts multiples et l'intervention répétée de la liberté, il faut souhaiter, dira-t-on, d'avoir des inclinations mauvaises et se garder de les déraciner; les élus seront ceux qui apportent en naissant les instincts immoraux, les réprouvés, ceux qui sont naturellement inclinés à aimer et à pratiquer le bien. L'objection tire son apparence spécieuse de cette idée contraire à l'esprit du formalisme, que la loi, universelle dans son essence, n'est capable par suite d'aucune application individuelle, et que le contenu de cette forme vide est uniforme pour tous, si bien que tous seraient quittes envers le devoir par l'accomplissement d'actes semblables déterminés par une discipline indifférente aux conditions de fortune, d'éducation, de culture propres à chacun des agents moraux. Mais il n'en est pas ainsi : les inclinations à combattre prennent les formes les plus variées, et empruntent jusqu'à l'apparence des vertus vulgaires. Il reste toujours assez de difficultés pour éprouver nos forces (1). Les tentations égoïstes trouvent plus d'un chemin pour parvenir jusqu'au cœur, et le raffinement même de la civilisation fait naître l'occasion de nouvelles fautes desquelles ont encore à se préserver ceux qui sont au-dessus du niveau ordinaire des vices humains. De plus, souhaiter de mauvaises inclinations pour avoir la gloire d'en triompher péniblement serait l'effet d'une coupable présomption ; qui nous assure, en effet, du triomphe et non de la défaite, et quelle nécessité de vouloir obtenir au prix d'efforts douloureux ce qu'on peut avoir par l'heureuse complicité de sa nature? Au lieu de ramasser un grand nombre de résolutions morales dans la délibération qui prépare un seul acte, on peut les éparpiller dans le courant de la vie, leur faire produire à chacune des conséquences matérielles qui, si elles n'ajoutent rien à leur valeur, ne sauraient du moins rien lui enlever : au lieu de faire une bonne action avec effort, on en fera plusieurs avec aisance ; l'humanité y gagnera, et la moralité n'y perdra rien.

Au surplus, eu égard même aux lois du déterminisme qui rattachent les unes aux autres les diverses parties d'une vie, et établissent entre elles une véritable solidarité, c'est une erreur de vouloir

(1) *La Morale*, p. 180. Cf. p. 541.

porter un jugement sur un acte, considéré in abstracto, comme
un atome isolé dans un espace discontinu. Les inclinations qui
semblent constituer le privilége de quelques-uns ne sont pas des
effets sans cause. Elles rendent l'acte vertueux facile, et, comme
il est dû à une seule résolution rapidement prise, en diminuent le
mérite : mais ce qu'elles ôtent à un anneau de la chaîne et à un
moment de la vie, elles le reportent sur la chaîne et la vie tout
entières ; elles proviennent elles-mêmes d'actes méritoires et qui
parfois ont coûté beaucoup d'efforts, soit à l'agent lui-même, soit
à ses parents qui lui ont légué, péniblement conquis, le germe de
ses vertus : elles représentent donc un long travail accumulé dans
l'individu ou la famille, et les bonnes actions qu'elles engendrent
si aisément sont comme le revenu légitime d'un capital laborieu-
sement amassé.

Lorsqu'au contraire elles sont absentes et que la morale se
trouve alors face à face avec la nature, sans auxiliaires et sans
alliés dans le pays ennemi, l'acte sera vraiment difficile et méritoire, parce que, comme nous l'avons dit, il représente le sacrifice
de plusieurs plaisirs promis par la fin, sacrifice que ne compense
pas la satisfaction accordée à des inclinations supérieures qui
n'ont pas été créées ; il l'est encore parce qu'une action
pénible ne se résout pas du premier coup, ou plutôt ne
s'accomplit pas dès la première résolution. Quand il s'agit de
quelque décision un peu importante, il s'écoule toujours quelque
temps entre la volonté et l'action : la passion excelle à mettre à
profit cet intervalle pour se glisser dans l'âme, et effacer les engagements pris envers la loi ; l'œuvre du dévouement est à refaire ;
parfois et à plusieurs reprises, la liberté triomphe et finalement
l'emporte : d'autres fois elle est vaincue et comme emportée par
l'orage de désirs qui remonte brusquement dans l'âme abusée et
épuisée par les apparences de la victoire, et qui cède alors, d'une
manière presque frénétique, à son découragement. Il faut tenir
compte à l'agent même de ses résolutions inutiles qui sont de
vrais actes, puisqu'elles ont suspendu pendant quelque temps
l'accomplissement du mal, et c'est bien ce que fait l'opinion en
témoignant plus d'indulgence aux coupables très passionnés dont
elle devine les secrets combats.

Parfois aussi la passion naturelle se pare des couleurs du

dévouement moral, et la tendresse d'une âme généreuse se retourne contre elle ; elle lui masque d'abord la faute sous les dehors d'une protection désintéressée, et quand le cœur n'est plus rempli que d'une seule image, elle le mène au but dont il ne voulait pas : la nature a quelquefois pour complice la morale elle-même. Aussi est-ce vraiment chose bien délicate que de juger jamais les fautes d'autrui: qui sait si, en dépit d'un moment d'égarement qui les a imposées presque à ceux qui les ont commises, elles ne cachent pas une longue suite de sacrifices à laquelle un seul a manqué pour transformer les coupables en héros ? Sans doute il ne faut pas tomber dans une indulgence excessive, car la présence des inclinations vicieuses est la marque presque certaine d'efforts insuffisants faits pour les vaincre : mais la difficulté est justement que les vices et la vertu concourent parfois à fortifier les mêmes instincts, et comment se refuser à plaindre ceux qui sont poussés au mal pour avoir pris trop soin de cultiver en eux, par des actes méritoires, les inclinations sympathiques : le cœur, discipliné et souvent attendri par la liberté, déserte et passe à l'ennemi.

Quant aux actes très rares, et qu'on s'accorde à regarder comme très difficiles, tels que le sacrifice volontaire de la vie à une grande cause, ils possèdent une haute valeur morale s'ils sont faits, ce qui n'est pas toujours le cas, par respect pour le devoir, et avec pleine connaissance des résultats qu'ils produiront. Le courage brutal et irréfléchi, qui vient des nerfs ou de l'estomac plutôt que de la raison, impose toujours en témoignant du mépris de la mort « qui ne se peut regarder en face », mais pour qu'il prenne le prix d'une action libre il faut qu'il soit le fruit de la réflexion : et celle-ci qui parcourt tous les plaisirs que promet la vie et, décidant l'abandon des joies terrestres accepte en échange l'inconnu, force ainsi la liberté à multiplier ses efforts pour repousser les tentations de l'égoïsme. En une minute se trouvent concentrées les résolutions morales dont une longue vie nous aurait offert l'occasion.

Voici donc les règles au moyen desquelles on pourrait apprécier la valeur expressive des fins-devoirs, et se décider en cas de conflit. L'importance des actions morales vient de leur complexité naturelle qui rend nécessaire l'application répétée de l'idée du devoir ; que cette application soit faite au moment même, ou que, réitérée dans le passé et à titre de préparation aux sacrifices futurs, elle se dissimule sous la forme apparente de l'instinct. On a de plus un critérium précis et matériel dans le devoir de sauvegarder sa liberté physique en s'acquittant des obligations sociales ou devoirs de droit : manquer à ceux-ci est permis sans doute, si la conscience commande, mais ne se peut faire qu'après la délibération la plus minutieuse.

Pour la difficulté de l'action, elle n'ajoute rien à notre mérite, si elle provient seulement de notre négligence habituelle, et l'effort louable qu'elle impose accuse en même temps une insouciance trop prolongée ; si, au contraire, cette difficulté tient à la nature de la fin elle-même, elle sera la source d'une résolution très méritoire ; car sous l'apparence d'une décision unique se cacheront des interventions répétées du libre arbitre.

Toutes ces observations, puisées dans les faits de tous les jours, renferment, dira-t-on, une part de justesse ; il est vrai que notre appréciation des actes varie selon les individus, que nous tenons compte pour juger de l'importance d'un devoir moins des conséquences matérielles qu'il aura que du degré d'éducation et de culture de l'agent moral. Mais enfin, il y a, toujours et quelles que soient les circonstances, des devoirs plus pressants que d'autres pour tout le monde ; et comment prouver, d'après les principes du formalisme, qu'il y a une hiérarchie entre les obligations et entre les fautes, que ne pas voler ou ne pas tuer par exemple est plus impérieusement défendu pour tout le monde que ne pas s'enivrer ? Pour la morale formelle, en effet, la preuve est bien difficile à donner, et il est possible même qu'il n'en existe pas : mais elle doit expliquer alors l'origine de ces jugements du sens commun, de ces idées sur la morale qui ne sont pas toutes peut-être des idées morales. On la trouverait sans peine, nous l'avons déjà indiqué, dans le sentiment de la sécurité personnelle ou sociale que les actes de violence alarment plus que les autres, dans les habitudes, plutôt peureuses que pures, produites par l'amollissement des mœurs ; mais on la trouverait aussi, croyons-nous, marquée d'un caractère plus moral, dans d'autres habitudes nécessairement contractées par l'humanité, et qui, en dépit de leur origine, dirigent légitimement notre conscience. La morale, en effet,

par la raison qu'elle repose sur un axiome vide, se détermine négativement par la considération de la nature qu'elle est chargée de
gouverner; et les actes qui dans une société mue par le déterminisme ont une grande importance la conservent dans une société
morale. Ils réclament, en effet, dans l'une comme dans l'autre, le
long et attentif examen de la réflexion, la préméditation qui seule
permet de leur attribuer une valeur morale. La hiérarchie des
actes moraux est la même que celle des actes naturels. Les actes
insignifiants pour la nature le sont aussi moralement, parce que
la machine y a part, et non pas la liberté; un accès de vanité,
un excès dans les plaisirs physiques ne sont pas l'objet d'un blâme
très sévère, parce que d'ordinaire on s'y laisse aller sans presque
y penser; les conséquences en sont insignifiantes, n'ont rien qui
alarme les inclinations supérieures et les excite à s'exercer au
profit du devoir, et c'est par une pente insensible que l'homme,
automate spirituel, ou agent libre, glisse à de telles actions. Au
contraire, le mécanisme social oblige le déterministe à réfléchir sur
les résultats de ses actes funestes à l'ordre public; et, comme ces
résultats sont d'ordinaire avantageux à ses intérêts, ils ont tout de
suite de quoi inquiéter la conscience qui ne les voit désirables que
pour des motifs égoïstes. Elle arrive donc très vite à les condamner, comme elle arrive très vite à prescrire ceux où le désintéressement matériel peut être d'origine morale. A l'appui de ce blâme
ou de cette règle, vient l'inclination issue elle-même de l'habitude d'y obéir ; et les devoirs les plus importants apparaissent aussi
comme les plus faciles. Leur supériorité apparente vient de leur
généralité qui les met au dessus des prises du scepticisme, et en
rend l'accomplissement instinctif. Ainsi certains articles du code
moral sont très vite promulgués et mis au-dessus de la discussion;
le respect des parents, par exemple, qui a d'abord la forme égoïste de la crainte et du besoin, s'impose de cette manière à tous les
hommes; par la reconnaissance des soins donnés, une valeur
morale s'y ajoute plus tard, universellement, et c'est alors une
obligation pressante parce que tous la prescrivent, facile parce
que, ayant mille occasions d'être pratiquée, elle dégénère promptement en habitude. Ne pas tuer est un devoir devenu très clair,
parce que nous avons presque toujours vu les manquements à ce
devoir causés par les plus grossiers appétits. Et cependant, s'il

arrive que la nature, infidèle à ses lois ordinaires, crée des êtres auxquels manquent les instincts sympathiques ou l'instinct de conservation, on éprouve à leurs crimes plus de pitié que d'horreur; on comprend que, la sensibilité qui est le critérium négatif du devoir ayant changé, le devoir a pu aussi changer ou du moins devenir trop difficile pour eux, et qu'en ce qui concerne ses résultats pratiques, il est ainsi incapable de l'universalité absolue qu'on rêve de lui imposer.

Ce serait peine perdue, en effet, que de la chercher même dans les doctrines réalistes : qu'on prenne pour fin de la vie le bonheur individuel ou le bonheur général (1), qui est la collection de tous les bonheurs individuels, et qu'on dise si chacun n'a pas son bonheur propre plus encore que sa moralité. Où est-elle, la science de la félicité humaine, et par quelles règles infaillibles réussit-elle à se formuler ? Au moins nous avons, nous, un commandement absolu, qui est de repousser toujours les suggestions de l'égoïsme : elles ont droit de cité, au contraire, partout ailleurs, parce que la satisfaction de nos penchants a souvent, comme résultat, l'accroissement de notre bonheur ou du bien-être collectif. La société, qui compte plus sur nos passions que sur notre vertu, a fait judicieusement tous ses efforts pour nous intéresser au désintéressement : mais elle n'y réussit pas toujours, et nous avons lieu de juger parfois que les sacrifices qu'elle nous demande ne serviraient pas à réaliser le contenu de la loi. La science même qui est le privilége de quelques-uns les autoriserait pleinement à ne pas tenir compte des préjugés et des prescriptions établies par l'ignorance du suffrage universel, et à poursuivre le bien suprême par les moyens que leur suggère une instruction plus approfondie. Le formalisme au contraire élève au dessus de la science personnelle et des législations sociales la règle infaillible, le criterium toujours sûr du sacrifice. Il proscrit légitimement la pratique des vertus les meilleures, l'acquisition des inclinations altruistes qui donnent à la conscience plus de délicatesse, une plus grande richesse d'inspirations, plus d'imagination pour inventer et multiplier les formes du dévouement. Toutes les consciences, quoi qu'on en dise (2), ne se valent pas. Les unes sont

(1) *Grundlegung*, S. 40. *Kritik*, S. 42. *Opuscules*. S 111.
(2) *La Morale*, p. 345.

plus endormies que les autres, moins promptes à suggérer l'idée
du sacrifice et la volonté de la liberté, et par quelle raison, sinon
égoïste, refuserait-on de façonner et de cultiver en soi la faculté
de bien concevoir, de bien vouloir, et de bien faire ? Œuvre du
hasard et du déterminisme dans les doctrines matérielles, elle est,
pour les kantiens, la plus indispensable des acquisitions morales.

Par ces principes, on résoudra, croyons-nous, une des questions les plus intéressantes de la science morale et sur laquelle
l'attention a été récemment appelée, celle du progrès. On s'est
demandé, à la suite de Fichte (1), si, la vraie moralité résidant
dans l'intention, des actions extérieures, d'apparence matérielle
plus désintéressée, suffisaient à en manifester le progrès, et l'on a
très justement conclu par la négative. Mais on aurait tort, semble-t-il, de nier la possibilité d'un tel progrès, et même en une
certaine mesure, la possibilité d'en juger.

Le progrès moral peut d'abord être théorique, et, en ce sens,
est plutôt l'œuvre de la psychologie que de la morale. Il consisterait à étudier les ressorts de l'activité humaine, à tracer une
démarcation précise entre la nature et la liberté, à reconnaître le
rôle des inclinations naturelles et de celles qu'on peut appeler
libres, à se rendre plus habile à scruter les motifs véritables de
ses actions, et en discernant le lien qui unit les résolutions à
leurs conséquences matérielles les plus ordinaires, à dresser le
catalogue des faits et gestes dont le désir pourra être accueilli
sans défiance, élevé à la hauteur d'une intention morale. Une
pareille tâche exige une connaissance délicate de l'âme humaine,
une habitude de la direction de conscience qui permette de
mettre en garde chacun de nous, selon sa situation et son caractère, contre les complaisances involontaires par lesquelles on se fait
un peu trop une vertu à son usage et selon son humeur : une telle
science tiendrait toujours en éveil les natures honnêtes et leur
enseignerait à être de plus en plus difficiles et exigeantes pour
elles-mêmes.

Pratiquement elle engendrerait le progrès qui consiste à diminuer en soi les mauvais instincts et à fortifier ou à acquérir les

_____

(1) Op. cit. S. 240. *Morale et Progrès*, par M. Bouillier, *Problèmes de
morale sociale*, par M. E. Caro.

bons ; à se créer une imagination charitable qui multiplie les occasions d'appliquer l'idée morale ; à pratiquer les vertus difficiles
qui se manifestent ou par l'accomplissement des actes pénibles où
se réunissent plusieurs bonnes intentions, ou par la fréquence de
ces petits sacrifices qui valent mieux parfois pour le bonheur des
autres, que les dévouements sublimes, mais rechignés. Il y a sans
doute une qualité de la vertu qui se révèle plutôt dans les bien-
faits obscurs que dans les actions d'éclat, parce que celles-ci
n'exigent souvent qu'un élan brusque et peu durable de l'âme, et
qu'en raison des circonstances où elles se produisent, l'idée en est
comme la propriété banale de tous, et le résultat machinal des
exemples environnants. Mais on peut concevoir cette qualité de la
vertu sans recourir à l'hypothèse d'une vertu en soi, ni à l'intuition des essences pures ; c'est un idéal que l'on construit empiriquement d'après les traits les plus communs de la nature humaine.

La vertu la meilleure, non par la qualité, mais par la quantité
des bonnes résolutions qu'elle exige, est celle qui, dans un même
acte, trouve le moyen de combattre plusieurs fois cette nature, et
donne au sacrifice toute la perfection dont il est capable. Combien
laissons-nous de bonnes actions inachevées, parce qu'elles coû-
tent moins à notre avarice qu'à notre paresse: pour être complète
la bienfaisance requiert, outre l'effort de la volonté, celui de
l'intelligence, outre le détachement des biens terrestres, le renoncement aux loisirs consacrés à des rêves ou à des besoins personnels. Du dévouement matériel au dévouement moral, de la compassion presque physique qui s'affiche à la compassion ingénieuse
qui agit en se dissimulant, l'âme doit faire un apprentissage de
délicatesse, apprendre par elle-même les souffrances les plus
complexes pour les découvrir et les soulager, imaginer des joies
qu'elle ne ressent pas pour les faire naître chez les autres. C'est
encore une maxime imprégnée d'égoïsme que celle de l'Evangile:
faites à autrui en toute circonstance ce que vous voudriez qu'autrui
fît pour vous ; elle nous enferme trop dans nos plaisirs et dans
nos misères, elle en fait trop le miroir où nous regardons celles
d'autrui. Celles-ci doivent être étudiées par elles-mêmes, pour
qu'on n'apporte pas aux autres des remèdes ou des présents dont
ils n'ont pas souci, et pour qu'on s'aperçoive même qu'elles existent. Il y a des souffrances qu'on soulage rien qu'à les deviner ; et

la pitié la plus délicate, la meilleure, est celle qui, habile à surprendre une âme dans les moments de défaillance où elle n'a plus
la force hautaine de garder son secret douloureux, fait tomber le
masque riant qui la cache, et obtient les aveux qui, à eux seuls,
sont déjà pour celui qui souffre une consolation. Il y a ainsi une
initiation volontaire aux tristesses de la vie, et de saints mystères
fermés aux profanes adeptes d'une charité brutale qui ne savent
pas qu'il y a un art d'effacer les larmes d'autrui en les faisant
couler et en y mêlant les siennes. Ce qui fait la valeur de cette
vertu et la propose à nos efforts comme un idéal, c'est la longueur
de sa tâche et le tissu délicat dont cette tâche est lentement formée : elle s'achève par une douceur à la fois patiente et inventive
qui doit lutter surtout contre la paresse, la curiosité vaine, contre
toutes nos passions successivement qui réclament pour leur
satisfaction le temps et l'imagination dépensés à pénétrer et à
secourir les maux d'autrui. L'égoïsme, en un mot, a mille formes dont la cupidité est une des plus inférieures : la vertu idéale
consiste à les anéantir toutes et à joindre au dévouement la fleur
de discrétion, de délicatesse et d'abnégation qui le cache à celui
qui en profite, et par laquelle celui qui l'offre s'ôte d'avance la
joie de remerciements qu'on ne croit pas même lui devoir.

Par là, s'apprécie et se mesure, quoiqu'on en dise, le progrès
moral chez soi-même et chez les autres ; car l'idée seule d'une
vertu plus délicate est une marque certaine d'amélioration, parce
qu'une telle vertu dont les secours ne sont efficaces qu'à la
condition d'être discrets, n'a point à compter sur aucunes récompenses, même celles de l'estime publique ou de la reconnaissance.
Quant aux actes de dévouement plus ordinaires et plus nécessaires aussi pour soutenir la vie banale des couches inférieures de la
société, il est très vrai que leur accomplissement plus fréquent et
plus éclatant ne saurait être l'indice du vrai progrès moral, puisqu'ils ont souvent leur cause dans les inclinations variées qu'enfante la vanité ou dans les craintes personnelles des heureux du
monde alarmés pour leur sécurité. Cependant n'est-il pas possible
d'admettre qu'il y a des vanités meilleures les unes que les autres,
j'entends par là celles qui, en faisant pratiquer matériellement la
bienfaisance, acheminent peut-être à en reconnaître un jour et à
en rechercher la pureté morale ?

Enfin, si l'on accordait que la liberté physique est le moyen de la liberté morale, que le droit est l'asile qui protége le devoir, on reconnaîtrait comme supérieures aux autres les époques où la société cherche à s'organiser en substituant à la vaine image de la justice déterministe une législation fondée sur le respect de la personnalité. A cè titre, notre siècle, et surtout notre pays, de quelque douloureuses et parfois néfastes épreuves qu'il ait payé sa tentative de réformer le monde et de l'élever par anticipation au niveau d'un règne des fins, serait assurément en progrès sur tous ceux qui l'ont précédé; il devrait encore sa supériorité morale à sa psychologie plus savante de la douleur, à sa pénétration exercée des chagrins intimes qui se révèlent aux initiés par l'affectueuse tristesse des sourires et par un redoublement de bonté, à son désir d'une charité ingénieuse capable de fouiller les secrets replis de l'âme et d'y rencontrer l'occasion et la source de vertus assez souples pour suivre et soulager dans ses métamorphoses le seul Protée qui existe au monde, celui de la souffrance.

Sans doute on trouvera de tels criteriums insuffisants; on tentera peut-être d'affirmer le progrès moral en le mesurant à l'augmentation du bien-être que conquiert l'espèce humaine, ou à la beauté des entreprises qu'elle forme. Mais à la lueur de ces clartés douteuses, il apparaîtra certainement comme une chimère. Plusieurs observateurs déjà, devant les excès de la civilisation moderne, ont fait entendre un cri d'alarme, et contesté que l'accroissement de la félicité publique pût naître des merveilles de l'industrie ou de la diffusion de l'instruction, plutôt faite pour aviver la jalousie des misérables et dissiper ce qu'on pourrait appeler leurs illusions nécessaires que pour les aider à la résignation. Un régime aux cadres et aux castes fixes, où l'ambition elle-même, enfermée d'avance dans un cercle restreint, réussissait parfois à s'assouvir, où une religion, sobre de mysticisme, obligeant seulement les incrédules d'avoir de l'esprit pour mettre l'exégèse en épigrammes et donnant aux croyants la paix sur leur avenir, n'exigeait d'eux qu'une conduite décente, conforme après tout aux aspirations moyennes de l'humanité qui n'a point le bonheur si romantique, ni l'intelligence et le cœur si indépendants qu'on l'imagine, un tel régime offrait peut-être plus de

chances d'ataraxie que la tumultueuse égalité des sociétés modernes. Les découvertes scientifiques, qui découragent l'homme
jeté dans une nature ennemie sans Providence extérieure ni
immanente, de croire, de vivre et d'aimer, ne sont excusables et
dignes d'être glorifiées que par le respect moral de la vérité qui
anime leurs auteurs : mais, s'il s'agit de bonheur, le devoir lui-même n'est pas assez grand peut-être pour suppléer Dieu. Et, si l'on
veut prendre pour juger du progrès humain un criterium esthétique, n'aura-t-on pas un regret pour l'âge d'or de l'hellénisme, pour
les cathédrales du moyen-âge, même pour ce siècle, qui a eu le
prêtre par Port-Royal, la femme par La Vallière, et l'homme,
suivant un mot célèbre, par Turenne? A moins de choisir la science positive pour matière de la loi morale, on aura peine peut-être
dans les doctrines réalistes à discerner si l'humanité se rapproche
aujourd'hui du but idéal de ses efforts; et c'est encore à cet
égard la théorie kantienne qui offrirait la plus vraisemblable et
la plus consolante affirmation.

Une autre question qui touche de près à celle-ci, mais embarrasse encore davantage la conscience morale, se résout aisément
par les mêmes principes ; c'est celle des variations et des contra-
dictions de la moralité humaine. Au lieu de chercher péniblement
sans y réussir avec un complet succès, à nier la divergence ou à
affaiblir l'opposition des diverses lois sociales, on peut l'accepter
franchement, au nom du formalisme. Une seule chose est universelle, c'est la croyance qu'il y a quelque chose de permis et
quelque chose de défendu, un devoir, c'est-à-dire une forme
obligatoire de nos actions ; mais le contenu de ces actions légitimes est diversifié à l'infini suivant la façon dont les causes extérieures modifient les passions humaines. La morale, chargée de
combattre le déterminisme, doit changer en même temps que
son adversaire; elle suit la nature dans ses évolutions, mais peu
à peu elle gagne du terrain sur elle en diminuant le fond
d'égoïsme qui caractérise partout l'espèce humaine, en sorte
que les diverses races qui la composent se réuniront peut-être
un jour dans le même culte de la charité. Les divergences s'expliquent aisément dans notre doctrine, et n'ont rien d'alarmant
pour la conscience, rien qui justifie et réclame l'anathème contre
ceux qui ne pensent pas comme nous. Au contraire, le réalisme

ne peut se dispenser de la lourde charge, odieuse aux âmes généreuses, d'excommunier et de persécuter l'ignorance : s'il y a un bien suprême hors la possession duquel il n'est point de salut, l'erreur est une faute, la vertu, réservée à quelques-uns mieux instruits du contenu immuable de la loi, un bien rare privilége, et qui commande, comme premier devoir, l'amélioration, même par la force, de ceux qui ne savent pas.

IV. — LA PRATIQUE RÉELLE DU DEVOIR.

Le devoir est-il réellement pratiqué, dans quelle mesure et dans quels actes ? — La pratique du devoir semble t-elle, dans la réalité, plus spécialement réservée à des catégories de privilégiés : les animaux, les fous, les enfants, les femmes, les jeunes gens, l'âge mûr.— Influence de la foi métaphysique ou religieuse.

La morale formelle nous semble donc à l'abri des objections spéculatives qu'on a dirigées contre elle : mais si sa valeur théorique est incontestable au point qu'elle seule ait véritablement droit au titre de morale, que faut-il penser de sa valeur pratique ? En d'autres termes, exerce-t-elle sur les esprits une influence réelle ? Le devoir pur, tel que nous avons essayé de l'expliquer, est-il pratiqué ? On connaît le mot célèbre de Kant que peut-être il n'y a pas eu sur la terre un seul acte de véritable vertu, un seul acte fait par respect de la loi. L'examen de cette assertion, si décourageante et si propre à inspirer des doutes sur la réalité du devoir, terminera naturellement ce travail.

Kant oublie, quand il fait l'aveu d'un tel scepticisme, le principe même de sa morale, en vertu duquel toute la valeur d'une action physique réside dans l'intention qui l'inspire. Aussi la bonne résolution, pour n'exister qu'à un moment donné, ne peut être altérée par les résolutions moins pures qui la suivraient avant l'exécution : l'acte matériel peut être le résultat de plusieurs motifs, au nombre desquels figurera le motif moral. Celui-ci, pour être parfois en mauvaise compagnie, ne perd rien de son prix, à plus forte raison, si ces motifs auxiliaires viennent des inclinations qu'on peut regarder, selon le mot de Kant, comme des vertus adoptives.

Veut-on cependant trouver des actes suggérés et accomplis sous l'empire de la seule idée morale, il semble qu'il faille les chercher plutôt dans les petits faits de la vie que dans les conjonctures les plus importantes. Il n'est guère possible, en effet, lorsqu'il s'agit de prendre une décision considérable, d'éviter le calcul d'utilité ou d'orgueil, qui s'adjoint à la volonté de faire son devoir ; de telles résolutions se préparent longtemps à l'avance, à titre de précautions pour les événements possibles; au contraire, dans les actes insignifiants, tels qu'une aumône, une bonne parole, le sacrifice d'un plaisir immédiat, l'intention vertueuse, si elle se présente, sera obéie sans délai, sans qu'aucun motif moins pur ait même le temps d'intervenir.

Si la vertu est ainsi une réalité pratique, il faut encore chercher quels êtres semblent en être le plus capables, par qui elle a plus de chances d'être respectée ou négligée.

D'une façon générale, puisque l'acte moral doit toujours être vivifié par la méditation présente ou passée de la loi, les êtres qui ne réfléchissent pas et sont sous la domination de plus en plus marquée de l'instinct, seront le plus éloignés de la vie morale : ce qui ne constitue pas une infériorité, puisqu'en affaiblissant chez eux le pouvoir de bien faire, la puissance de l'instinct affaiblit aussi celui de mal vouloir. Ils ne seront ni vertueux ni coupables, ils seront plutôt innocents.

A ce titre, les animaux semblent donc absolument incapables de responsabilité : nous citerons cependant, comme curiosité et sans en vouloir tirer aucune conséquence, l'anecdote rapportée par le physiologiste anglais Romanes. Son chien, enfermé dans une chambre, s'avisa de déchirer les rideaux de la fenêtre; lorsque son maître reparut et lui présenta un des morceaux du rideau, l'animal qui cependant n'avait jamais été battu et chez qui le repentir ne pouvait être par suite le résultat de la crainte, donna par ces hurlements les signes d'un vrai remords, comme s'il eût compris que le plaisir n'est pas la seule règle de la vie, qu'il y a des choses mauvaises par elles-mêmes, sans nul égard à leurs conséquences sensibles (1).

Tout à côté des animaux, se trouvent les humains ramenés par la maladie sous le joug de l'instinct, les aliénés, auxquels on s'accorde d'ordinaire à refuser toute responsabilité, toute participation à la vie morale. Mais on peut contester ce triste résultat de la folie : car, si l'aliéné se figure placé dans des circonstances imaginaires, le devoir d'agir conformément à ces circons-

(1) *Revue scientifique*, janvier 1870. M. Buchner (*La vie psychique des bêtes*) n'hésiterait pas à accorder aux animaux plus de moralité encore qu'à nous : mais convient-il d'accorder grand crédit à ses affirmations?

tances ne cesse pas pour lui ; la passion qu'elles éveillent doit
encore être combattue par l'idée du devoir, si cette idée n'a pas
été emportée dans la ruine de la raison ; tant qu'elle persiste, elle
doit régner, et l'expérience enseigne qu'elle persiste souvent.
Aussi la loi anglaise, plus subtile sur ce point que le code français,
admettait-elle la responsabilité des fous et leur imposait une conduite morale adaptée à la situation où les plaçait leur imagination :
pour elle, le fou qui assassine par un sentiment de vengeance est
coupable, celui qui tue en croyant se défendre est innocent, encore
que dans les deux cas ni le grief ni la menace n'existent que dans
son cerveau malade (1). Une telle doctrine effrairait sans doute
ceux qui lient le droit au devoir d'une façon indissoluble, et n'admettent pas qu'une personne morale soit privée de sa liberté physique : mais si l'on regarde le droit, seulement comme un privilége que l'Etat confère à ses membres en vue de l'intérêt moral
de la société, mais qu'il peut suspendre ou supprimer au nom de
ce même intérêt, on n'apercevra aucun danger social dans la théorie que nous examinons. Le fou, laissé libre de ses intentions, n'est
pas moralement opprimé par suite de sa captivité, et la société
est assurée contre des fantaisies périlleuses pour la sécurité et la
moralité de ceux qui la composent. De fait, n'est-ce pas cette doctrine qu'on applique chaque jour, puisqu'on respecte chez les
fous le retour possible à une vertu plus sociable en ne les tuant pas
comme des assassins et que cependant on les enferme, en refusant ainsi à la liberté physique tout caractère absolu et sacré ?

Au dessus de la raison presque éteinte est la raison commen-
çante, au dessus des fous, les enfants. Sont-ils capables d'une
obéissance vraiment morale, tant que leur jeune esprit ne s'est
pas élevé à la conception abstraite de la loi ? Kant semble le
croire (2) ; Fichte admet ce qu'il appelle la libre obéissance des
enfants ; elle consiste en ce que, sans redouter l'emploi des moyens
coercitifs, ou escompter les récompenses ordinaires, ils font librement ce que les parents commandent, parce qu'ils ont confiance
dans leur sagesse supérieure et dans les conseils du sourire
maternel (3).

(1) Maudsley. *Le Crime et la folie*, p. 95, 103, 190, 193. Cf. A. Lemoine,
art. cité, p. 695, 710.
(2) *Kritik*, S. 185 et 190.
(3) Op cit. p. 457.

S'il est vrai, comme nous l'avons dit plus haut, que l'amour soit la forme instinctive de la vertu, les femmes revendiqueront volontiers le privilége d'une aptitude particulière à la moralité. Elles se disent volontiers plus aimantes, et comme on a besoin d'elles, on leur accorde un titre qu'elles tiennent plus peut-être de la physiologie que de la volonté libre. Un dévouement réfléchi qui fait naître l'amour, mais n'en dérive pas, est peut-être chose rare de leur part, et elles ne se réhabilitent guère devant la morale qu'en conquérant par la souffrance l'auréole de la maternité. Ce qu'on ne contestera pas, c'est la difficulté qu'elles ont à comprendre le pur sacrifice, celui que fait une nation ou un homme à une idée, et ainsi si elles pratiquent d'instinct le devoir, elles paraissent généralement incapables d'en comprendre l'héroïque folie.

C'est tout le contraire chez les hommes, et même chez les jeunes gens. Ceux-ci apportent volontiers la passion dans le mépris de la passion ; comme leurs rêves de bonheur sont infinis, ils ont vite fait de se convaincre que la vie n'est pas bonne, et ne satisfera jamais leurs ambitions, qu'elle n'a pas encore ravalées. Ils vivent d'ordinaire pour un seul bien qui implique l'abandon de soi-même, l'amour, et sont prêts à le comprendre et à l'accepter sous sa forme délibérée et volontaire. Le devoir, l'amour, la mort, trois noms d'un même sacrifice, celui de notre personne chétive à une idée, à un être, à la vie universelle ; trois idées qui s'appellent et se confondent presque dans les cœurs qui cherchent leur idéal en dehors d'eux mêmes. Mais bientôt passe l'heure rapide des aspirations enthousiastes et des rêves d'héroïsme impraticable dans nos sociétés trop réglementées : les nécessités et les charges de la vie surviennent, qui font qu'on a moins de lois pour méditer sur le devoir, et plus d'occasions pour le pratiquer ; il a d'ailleurs l'aspect gracieux et vivant d'êtres à protéger, à entourer de soins minutieux qui exigent un dévouement et une imagination infatigable, et l'âge mûr, vertueux par les obligations de la famille virilement acceptées et par les inclinations supérieures qu'elles développent, atteint le degré le plus élevé bien que le moins brillant de la moralité, jusqu'aux jours où la vieillesse éteint peu à peu la raison et la volonté, et amène le repos définitif, qui, accepté avec résignation, est la dernière œuvre de la vie morale, et la suprême marque de la vertu.

On demandera peut-être encore s'il est quelque situation sociale, quelque état d'esprit qui dispose mieux qu'un autre à comprendre et à pratiquer le devoir. Il n'en est rien, et c'est précisément l'avantage de la morale formelle qu'elle s'incorpore sans difficulté au plus grand nombre de métaphysiques possible. Elle n'implique aucune foi dogmatique sur le fond des choses ; elle demande seulement, par la croyance à la liberté, une concession spéculative bien facile à notre orgueil, le sacrifice de prétentions au savoir absolu que la critique et l'expérience suffiraient à condamner. Le déterminisme, en effet, qui n'est d'ailleurs pas un système métaphysique, puisqu'il n'est relatif qu'aux rapports des choses et non aux choses mêmes, est seul incapable d'admettre l'idée du devoir : et cette unique conséquence suffit pour en arrêter ou en atténuer les assertions. Mais cette exception faite, toute philosophie et toute religion digne de ce nom, sont aptes à devenir morales. Le christianisme, qui est le plus haut effort de la conscience religieuse de l'humanité, s'identifie à la théorie de Kant par la doctrine du pur amour, par l'exemple du sacrifice qu'accomplit, peut-être au nom du Devoir, le fils de Dieu même, mourant pour fléchir les colères insondables de celui que les gnostiques appellent l'Abîme ; le mysticisme affirme, en termes plus troublants encore, l'Impératif catégorique, si bien que Kant (1) en acceptait l'étiquette pour ses idées ; la philosophie matérialiste, comme l'a supérieurement vu Epicure, comporte l'hypothèse d'un libre arbitre qui peut devenir moral ; le spiritualisme est la métaphysique même de la liberté ; et le devoir enfin offre aux positivistes de quoi combler, au moins pour la vie pratique, le vide qu'ils ont fait dans l'âme humaine en lui déniant la science de l'Absolu (2).

Religieux et philosophes, illuminés ou incrédules, avant d'aborder l'examen des problèmes ontologiques et sociaux dont la solution variée ne saurait détruire l'accord préalable des âmes honnêtes, tous peuvent se rencontrer dans une même volonté et une

---

(1) Wilm, *Histoire de la Philosophie Allemande.*
(2) Leibniz énonçait à propos des difficultés du libre arbitre et de la prédestination, la maxime suivante dont nous pourrions nous emparer : « Sans songer à ce que vous ne sauriez connaître et qui ne vous peut donner aucune lumière, agissez suivant votre devoir que vous connaissez » (*Discours de métaphysique*, art. 30.)

même espérance, celle du pur devoir accompli. Refuge et consolation de ceux qui, ayant perdu la foi métaphysique, cherchent du
moins jusqu'au jour de leur conversion à conserver intacte leur
fortune morale, cette volonté est comme un rendez-vous commun
où se réunissent, pour y prendre courage, les hommes qui, avec
des vues diverses sur l'essence dernière des choses, et sur les pal-
liatifs qu'il convient d'apporter aux souffrances terrestres, travail-
lent au salut de l'humanité ; elle est l'asile où, après les ardeurs
de la lutte et en dépit des revers, ils reviennent, l'âme en repos et
en sérénité, puiser de nouvelles forces dans l'estime mutuelle
qu'ils se doivent les uns aux autres. Malgré son air de paradoxe
qui lui vient de son ambition d'être universellement applicable, la
morale formelle, la plus rigoureuse de toutes puisqu'elle a une
règle immuable, la plus flexible en même temps puisque cette
règle ne renferme aucun commandement particulier, est la philosophie et la politique qui nous divise le moins. Si c'est là une
illusion, qu'on la pardonne non à notre vanité d'auteur, mais
à notre désir de pouvoir respecter tous nos semblables, et de les
croire noblement épris d'un idéal de justice et de vraie moralité.

Vu et lu en Sorbonne,
le 7 janvier 1882.
Le Doyen de la Faculté des Lettres de Paris,
A. HIMLY.

Vu et permis d'imprimer
Le Vice-Recteur de l'Académie de Paris,
GRÉARD.

TABLE ANALYTIQUE

---·•◦⊕◦•·---

PREMIÈRE PARTIE

LE PRINCIPE DE LA MORALE

—

INTRODUCTION

CHAPITRE PREMIER

LE PLAISIR ET LE BIEN

CHAPITRE II

L'IDÉE DU DEVOIR

DEUXIÈME PARTIE

L'AGENT MORAL

INTRODUCTION

L'agent moral doit posséder, par le seul fait qu'il est soumis au devoir,
certaines qualités antérieures à la pratique du devoir, et certaines
qualités engendrées en lui par cette pratique. — Méthode qui sert à
déterminer ces qualités : part de la méthode à priori, part de la méthode

CHAPITRE PREMIER

LES POSTULATS DE LA LOI MORALE

—

I. — LA LIBERTÉ.

II. — LE DROIT.

III. — L'IMMORTALITÉ.

CHAPITRE II

LA SPONTANÉITÉ MORALE

CHAPITRE III

LES INCLINATIONS EN MORALE

CHAPITRE IV

LA SCIENCE MORALE

INTRODUCTION

I. — LA PREMIÈRE MAXIME DE KANT.

II. — LA DEUXIÈME MAXIME DE KANT

TABLE DES CHAPITRES

ERRATUM

P. 2. Par une erreur de mise en page, la dédicace qui devait se trouver
à la page 3 s'est trouvée placée ici.

P. 16, l. 16, au lieu de : me, *lisez* : lui.

P. 28, l. 35, en note, au lieu de : pêcheurs, *lisez* : pécheurs.

P. 31, l. 29, au lieu de : perçu, *lisez* : aperçu.

P. 54, l. 4, au lieu de : toute, *lisez* : toutes.

P. 79, l. 5, au lieu de : au, *lisez* : du.

P. 92, l. 11 et 12, à supprimer.

P. 93, l. 22, au lieu de : capables, *lisez* : capable.

P. 94, l. 28, au lieu de : nous, *lisez* : leur.

P. 159, l. 22, au lieu de : vastes, *lisez* : largos.

LIBRAIRIE GERMER BAILLIÈRE ET Cie

108, BOULEVARD SAINT-GERMAIN, 108

BIBLIOTHÈQUE DE PHILOSOPHIE CONTEMPORAINE

FORMAT IN-8

Volumes à 5 fr., 7 fr. 50 et 10 fr. Cart., 1 fr. en plus par vol.; reliure, 2 fr.

Jules Barni

La morale dans la démocratie, 1 vol in-8. 5 fr.

Agassiz

De l'espèce et des classifications, traduit de l'anglais, par M. Vogeli. 1 vol. in-8. 5 fr.

Stuart Mill

La philosophie de Hamilton, traduit de l'anglais par M. Cazelles. 1 vol. in-8. 10 fr.

Mes mémoires, Histoire de ma vie et de mes idées, traduit de l'anglais par M. E. Cazelles, 1 vol. in-8. 5 fr.

Système de logique déductive et inductive. Exposé des principes de la preuve et des méthodes de recherche scient., trad. de l'anglais par M. L. Peisse. 2 vol. in-8. 20 fr.

Essais sur la religion, traduits de l'anglais par M. E. Cazelles. 1 vol. in-8. 5 fr.

De Quatrefages

Ch. Darwin et ses précurseurs français. 1 vol. in-8. 5 fr.

Herbert Spencer

Les premiers principes. 1 fort vol. in-8, traduit de l'anglais par M. Cazelles.

Principes de psychologie, traduit de l'anglais par MM. Ribot et Espinas. 2 vol. 20 fr.

Principes de biologie, traduit par M. Cazelles. 2 vol. in-8. 1878. 20 fr.

Principes de sociologie, traduit par MM. Cazelles et Gerschel. 2 vol. in-8. 17 fr. 50

Essais sur le progrès, traduit de l'anglais par M. Burdeau. 1 vol. in-8. 1877. 7 fr. 50

Essais de politique. 1 vol. in-8, traduit par M. Burdeau. 1878. 7 fr. 50

Essais scientifiques. 1 vol. in-8, traduit par M. Burdeau. 1879. 7 fr. 50

De l'éducation physique, intellectuelle et morale. 1 vol. in-8. 3e édition. 1881. 5 fr.

Introduction à la science sociale. 1 vol. in-8 5e édition. 6 fr.

Classification des sciences. 1 vol. in-18. 2 fr. 50

Auguste Laugel

Les Problèmes (Problèmes de la nature, problèmes de la vie, problèmes de l'âme). 1 fort vol. in-8. 7 fr. 50

Emile Saigey

Les sciences au XVIIIe siècle, la physique de Voltaire. 1 vol. 5 fr.

Paul Janet

Histoire de la science politique dans ses rapports avec la morale. 2e éd. 2 vol. 20 fr.

Les causes finales. 1 vol. in-8. 2e éd. 10 fr.

Th. Ribot

De l'hérédité psychologique, 1 v., 2e éd. 7 f. 50

La psychologie anglaise contemporaine (école expér.). 1 vol. in-8. 2e éd. 1875. 7 fr. 50

La psychologie allemande contemporaine (école expér.). 1 vol. in-8. 1879. 7 fr. 50

Henri Ritter

Histoire de la philosophie moderne, traduction française, précédée d'une introduction par M. P. Challemel-Lacour. 3 vol. 20 fr.

Alf. Fouillée

La liberté et le déterminisme. 1 vol. 7 fr. 50

De Laveleye

De la propriété et de ses formes primitives. 1 vol. in-8. 3e édit. 1882. 7 fr. 50

Bain

La logique inductive et déductive, traduit de l'anglais par M. Compayré. 2 vol. 20 fr.

Les sens et l'intelligence. 1 vol. in-8, traduit de l'anglais par M. Cazelles. 10 fr.

L'esprit et le corps. 1 vol. in-8, 3e édit. 6 fr.

La science de l'éducation. 1 vol. in-8. 2e édit. 6 fr.

Matthew Arnold

La crise religieuse. 1 vol. in-8. 1876. 7 fr. 50

Bardoux

Les légistes et leur influence sur la société française. 1 vol. in-8. 1877. 5 fr.

Hartmann (E. de)

La philosophie de l'inconscient, traduit de l'allemand par M. D. Nolen, avec une préface de l'auteur écrite pour l'édition française. 2 vol. in-8. 1877. 20 fr.

Espinas (Alf.)

Des sociétés animales. 1 vol. in-8, 2e édit., précédée d'une introduction sur l'histoire de la sociologie. 1878. 7 fr. 50

Flint

La philosophie de l'histoire en France, traduit de l'anglais par M. Ludovic Carrau. 1 vol. in-8. 1878. 7 fr. 50

La philosophie de l'histoire en Allemagne, traduit de l'anglais par M. Ludovic Carrau. 1 vol. in-8. 1878. 7 fr. 50

Liard

La science positive et la métaphysique. 1 vol. in-8. 7 fr. 50

Guyau

La morale anglaise contemporaine. 1 vol. in-8. 7 fr. 50

Huxley

Hume, sa vie, sa philosophie, traduit de l'anglais avec préface par M. G. Compayré, 1 vol. in-8. 5 fr.

E. Naville

La logique de l'hypothèse. 1 vol. in-8 1880 5 fr.

E. Vacherot

Essais de philosophie critique. 1 vol. in-8. 1864. 7 fr. 50

La religion. 1 vol. in-8. 1869. 7 fr. 50

www.ingramcontent.com/pod-product-compliance
Lightning Source LLC
Chambersburg PA
CBHW072222270326
41930CB00010B/1961